밀레니얼 세대를 위한 종잣돈 만들기 프로젝트

월급으로 부자 되기

월급으로 부자 되기
밀레니얼 세대를 위한 종잣돈 만들기 프로젝트

초판 1쇄 발행 2022년 4월 15일

지은이 김정란
펴낸이 장길수
펴낸곳 지식과감성#
출판등록 제2012-000081호

교정 김우연
디자인 이은지
편집 이은지
검수 오현석, 이헌
마케팅 고은빛, 정연우

주소 서울시 금천구 벚꽃로298 대륭포스트타워6차 1212호
전화 070-4651-3730~4
팩스 070-4325-7006
이메일 ksbookup@naver.com
홈페이지 www.knsbookup.com

ISBN 979-11-392-0415-5(03320)
값 13,900원

• 이 책의 판권은 지은이에게 있습니다.
• 이 책 내용의 전부 또는 일부를 재사용하려면 반드시 지은이의 서면 동의를 받아야 합니다.
• 잘못된 책은 구입하신 곳에서 바꾸어 드립니다.

지식과감성#
홈페이지 바로가기

밀레니얼 세대를 위한 종잣돈 만들기 프로젝트

월급으로 부자 되기

김정란 지음

이 책 하나면 나도 금융 전문가
옆에 끼고 봐야 하는
연말정산 절세 가이드

밀레니얼 재테크 필독서

차근차근 기본으로 무장하자

지식과감정#

프롤로그

빠르게 부자가 되고 싶은 분들에게

우리는 모두 빨리 부자가 되고 싶어 합니다. 차곡차곡 모아서 20년 뒤에 부자가 되느니, 로또 한번 당첨되어서 내일 당장 은퇴하고 싶은 것이 사람의 마음이죠. 하지만 재테크의 세계에서 이렇게 어느 날 갑자기 벼락부자가 되는 일은 흔치 않습니다. 확률로 따지자면 1만 분의 1 정도나 될까요. 하지만 차곡차곡 모아서 20년 뒤에 부자로 은퇴할 확률은 그보다 훨씬 높습니다.

그런데 왜 많은 분이 차곡차곡 모아서 부자가 되는 후자의 방식이 아닌 어느 날 갑자기 벼락부자가 되고 싶어 하는 것일까요. 저는 그 이유가 바로 부를 어떻게 축적해야 하는지, 방법을 몰라서일 거라고 생각합니다. 만약 누군가 차근차근 부를 축적하는 방법을 알려 주고, 그것이 보통의 월급을 받는 사람들도 가능한 방식이라고 설명해 준다면 대부분의 사람들은 이 방식으로 부자가 되는 방식을 선호할 것입니다.

저는 이 책에서 큰 욕심을 부리지는 않았습니다. 평범한 보통의 사람이, 부의 기초를 차근차근 쌓아서 부자가 되는 방법을 안다면 그것은 장기간에 걸쳐 수십 퍼센트의 수익률을 안겨 주는 우량주를 알려 주는 것과 같다고 생각했습니다. 제 주변의 보통의 사람들은 여전히 금 투자를 어떻게 하는지, 주식은 어떻게 사야 하는지 모르는 경우가 많습니다. 그런데 실질적으로 이 지식을 알려 주는 곳은 많지 않아서 안타까웠습니다. 그래서 이 책을 최대한 초보자의 눈높이로 정해서 구성해 보았습니다.

하나하나 따라 하다 보면 벼락부자가 아닌, 절대적으로 부자가 될 수밖에 없는 원리들을 실천하고 있는 자신을 보게 되실 것입니다. 미래는 알 수 없고 보통 사람은 오늘을 현명하게 대응해 나가야 합니다. 이런 관점에서 미래의 부자가 되어 있을 나를 기다리면서 한 장 한 장 넘기시면서 읽어 주신다면 좋을 것 같습니다.

목차

프롤로그 ··· 4

1장 기본을 통해서 작은 부자 준비하기 · 9

1. 매달 100만 원의 여윳돈이 생기면 어떤 일이 생길까? ·· 10
2. 종잣돈이라면 1%의 차이도 수익을 가른다! ················ 15
3. 돈을 버는 것보다 모으는 게 쉽다 ································ 18
4. 익혀 두면 도움이 되는 금융 지식 ································ 21

2장 모은 자산 늘리는 소소한 투자의 비밀 · 29

1. 투자의 중요성 ·· 30
2. 나에게 맞는 투자상품 고르는 법 ································ 36
3. 수익률 높이는 투자의 비밀 ······································ 45
4. 자산 밸런싱 실전 전략 ··· 61

3장 절세로 나가는 돈 막기 · 73

1. 합법적 절세 나도 할 수 있을까 ·································· 74
2. 누구나 쉽게 실천할 수 있는 세테크의 시작 ················· 86
3. 항목별로 알아보는 연말정산 전략 ······························ 99
4. 금융상품 세액공제 노하우 ······································ 129

4장 노후 준비, 오늘부터 1일 · 135

1. 은퇴 이후의 내 생활은 누가 책임져 주지? ⋯⋯⋯ 136
2. 적절한 은퇴자금은 얼마일까? ⋯⋯⋯⋯⋯⋯⋯⋯ 142
3. 노후 준비는 이렇게 하자 ⋯⋯⋯⋯⋯⋯⋯⋯⋯⋯ 148
4. 똑똑한 노후 준비 종합정리! 꿀팁 시리즈 ⋯⋯⋯ 158

부록 알아 두면 돈이 되는 환 투자/ 금 투자 가이드 · 163

1. 환 투자는 이렇게 ⋯⋯⋯⋯⋯⋯⋯⋯⋯⋯⋯⋯⋯ 164
2. 외화예금을 활용하는 법 ⋯⋯⋯⋯⋯⋯⋯⋯⋯⋯ 173
3. 외화예금의 종류 ⋯⋯⋯⋯⋯⋯⋯⋯⋯⋯⋯⋯⋯ 175
4. 금 투자는 왜 할까? ⋯⋯⋯⋯⋯⋯⋯⋯⋯⋯⋯⋯ 178
5. 금 투자는 어떻게 하는 것이 좋을까? ⋯⋯⋯⋯⋯ 180

1장
기본을 통해서 작은 부자 준비하기

천 리 길도 한 걸음부터! 성급하게 돈을 불리겠다는
조바심 대신 차분하게 공부하고, 대비하며
부자의 길로 들어서는 방법을 함께 알아보아요.

1.
매달 100만 원의 여윳돈이 생기면 어떤 일이 생길까?

어느 날, 금융 상담을 해 달라는 친구에게 넌지시 물어봤습니다.

"매달 100만 원씩 여윳돈이 생긴다면 어떻게 관리할래?"

친구는 상상만 해도 기분이 좋은지 얼굴에 미소를 띠면서 말했습니다.

"그냥 쓰면 안 되는 거지? 음, 당연히 적금 넣어야지."

"하하하, 그럴 줄 알았어."

아마도 대한민국 성인 10명 중 7~8명 정도는 저축의 개념을 이렇게 여윳돈은 적금에 넣는 것으로 생각하실 겁니다. 가장 많이 선택하는 재테크 방법이 1년짜리 이자가 괜찮은 적금에 들어 두는 거죠.

예금 금리만 믿기에는

요즘 금리는 호락호락하지 않아요. 음, 뭐라고 해야 할까요. 물가상승률을 생각해 보면 넣어 두는 것 자체가 손해인 그런 상황이죠. 2~3% 내외의 금리를 우대금리라고 해서 주는 곳도 많은데 사실 100만 원을 넣어 두어 봐야 1년에 2~3만 원 이자가 붙는 식입니다.

이렇게 되면 물가상승률 평균치(3%)를 생각해 봤을 때, 어떨까요?

손해일 수도 있죠.

그래서 요즘은 주식 투자도 많이 하고, 고객들이 적극적으로 투자상품을 비교하곤 하는데요. 우선 저축을 할 때 활용할 수 있는 금융 상품의 종류가 어떤 게 있는지 알아야 나에게 맞는 저축 방법을 알 수 있습니다.

모으고 불리자

제가 추천해 드리는 금융 상품의 종류는 크게 5가지가 있어요.

① 적금
② 펀드
③ ISA
④ IRP
⑤ 저축보험

이 중 이미 알고 있는 것도 있고, 생소한 것도 있으시죠? 보통 돈을 불린다고 할 때 종잣돈이 필요하다는 건 많이 들어 보셨을 거예요. 일반적으로 저축을 할 때는 그 기간을 단·중기로 볼 것이냐, 장기로 볼 것이냐를 많이 따져 보는데요.

단·중기로 본다면 약 1~5년 정도를 보는데, 이때 종잣돈을 마련하기 위해 활용하는 상품이 바로 적금, 펀드, ISA입니다. 부자가 되기 위한 종잣돈 마련을 위하여 꼭 활용해야 하는 펀드와 ISA에 대하여는 '2장, 모은 자산 늘리는 소소한 투자의 비밀'에서 자세하게 설명을 하도록 하겠습니다.

또한 IRP와 저축보험은 주로 장기상품으로 활용된답니다. IRP는 Individual Retirement Pension의 약자로 개인퇴직연금을 뜻하는데요. IRP는 장점이 매우 많은 상품이죠. 저축보험은 은행 적금 대비 공시이율이 높은 편이나 계약 초반 수수료를 납부하기 때문에 5년 이하 단기상품보다는 장기상품으로 많이 활용됩니다. 5년 납 10년 만기 등의 일정 요건을 갖추면 이자에 대하여 세금이 없는 비과세로 가입이 가능하기 때문에 장기 종잣돈 마련에 활용하면 좋은 상품입니다.

저축, 하면 적금만 있는 줄 알았는데 생각보다 의외죠? 제가 많은 상담을 해 보면 고객님들이 재테크 상품으로 1년짜리 적금만 가입하는 경우가 많은데요. 적금은 정해진 이자율로 목돈을 만드는 개념입니다. 시간이 오래 걸리겠지요. 그래서 1년짜리 적금만을 가입하는 건 다소 아쉬운 선택이라고 할 수 있어요.

이 책을 다 읽으시면 펀드, ISA, IRP의 개념에 대하여 이해할 수 있고, 조금 더 다양한 금융 상품을 선택할 수 있을 겁니다.

2.
종잣돈이라면 1%의 차이도
수익을 가른다!

어느 날 지점을 찾아오신 한 고객님의 사례를 들려 드릴까 합니다. 40대 초반인 직장인이었는데 목돈 마련과 절세에 대해 상담받고 싶어 하셨는데요. 제가 기본 자산설계를 해 드리면서 수익률 1%의 차이를 아느냐고 물어봤더니 "1%면 너무 적은 것 아니냐"고 하셨습니다. 100만 원이라면 이자 1%는 고작 1만 원인데 이런 수익으로는 부족하다는 것이었죠.

사실 표면적으로는 맞는 말입니다. 목돈이 없는 상태에서 이자율 1%를 말씀드리더라도, 크게 와닿지 않는 것이 보통입니다. 하지만 이 수익률에는 보이지 않는 개념이 숨어 있습니다.

바로 복리효과인데요.

복리효과에 대해서는 제가 기회가 닿을 때마다 고객님들에게 설명을 드렸습니다. 아인슈타인도 놀랄 정도로 풀리지 않는 미스터리가 바로 복리효과입니다. 잘 아시는 것처럼 복리라는 것이 이자에 이자가 붙는 식인데요. 이 복리는 시간이 흐르면서 눈덩이 효과가 나타나 나중에는 원금과 맞먹는 돈으로 불어나기 때문입니다.

100만 원의 연 1%라면 적어 보일 수 있지만, 복리효과를 생각한다면 이 1%는 10년 뒤에는 수배씩 차이가 날 수 있다는 점을 생각해 봐야 할 것 같아요. 무엇보다 100만 원일 때는 모르지만, 1,000만 원, 1억이 모이게 되면 1%는 결코 무시할 수 없는 수치가 되는데요.
1억의 1%면 100만 원으로 이를 역시 복리로 계산하면 누적 수익에서 큰 차이를 가져오게 됩니다.

1%의 마법, 복리효과를 놓치지 말자

장기적으로 복리상품을 통해 노후자금 등의 목적자금을 만든다면 1%의 수익률 차이는 매우 중요합니다. 예를 들어서 만약 복리연금에 매달 30만 원을 납입하는 사람 A가 있다고 하죠. 이 사람이 이를 30년 동안 매달 불입한다고 하면 60세가 되었을 때 원금은 1억이 약간 넘는 돈이 모입니다.

그러나 이걸 복리로 환산한 이자로 봤을 때는 2%일 때와 4%일 때가 각각 큰 차이가 있습니다. 2%일 때는 이자가 약 4,000만 원 정도인 반면, 4%일 때는 1억으로 2배가 넘는 이자가 붙는 셈입니다.

"매달 30만 원인데 1%의 차이가 뭐 그리 크겠어?"라고 생각했을 때, 미처 생각하지 못한 부분인 것이죠.

복리효과를 보는 방법은 두 가지가 있는데요. 첫 번째 방법은 복리상품에 가입하는 것이고 두 번째 방법은 이익을 실현하여 원금에 더하여 다시 운용하는 것입니다. 단리보다는 복리로 운용하는 상품에 가입하시고, 이자를 받았다면 사용하지 말고 원금에 더해서 운용해 보세요.

3.
돈을 버는 것보다 모으는 게 쉽다

돈을 모아야 하는 중요성에 대해 말할 때 한 가지 꼭 말씀드리는 표현이 있습니다. 우리가 흔히 재테크라고 하면 돈 벌기와 돈 모으기로 나누어서 말하는데요. 돈 벌기는 월급이나 부업, 투자수익 등 자산을 창출해 내는 행위를 말하는 것이고, 돈 모으기는 저축이나 절세 등 자산을 아끼는 행위를 말하는 것입니다.

그럼 쉽게 이렇게 질문을 해 보죠.

돈을 버는 게 쉬울까요, 돈을 모으는 게 쉬울까요?

이건 제가 고객분들에게도 자주 여쭤보았던 질문이기도 합니다. 그럼 고객 중 많은 분이 돈 버는 게 더 쉽지 않느냐고 합니다. 월급은 매달 차곡차곡 들어오지만, 그 돈을 사용할 곳은 너무 많기 때문에 이렇게 말씀하시는 경우가 많은 것 같습니다.

돈을 버는 것이 쉽지만, 재테크에 있어서는 '돈을 버는 것보다 번 돈을 지키는 것이 훨씬 더 효율적이다'라고 말씀드리고 싶습니다. 이미 번 돈을 지키는 방법은 소비를 줄이는 것만으로 가능하기 때문이죠. 즉, 소비를 줄이는 행위 자체가 이미 돈을 버는 효과가 있는 것입니다. 하지만 지금 버는 돈보다 많은 돈을 벌려면 무형에서 유형의 가치를 창출해야 합니다. 투자를 하거나 부업을 해야 하는데, 이것은 다른 사람과 경쟁을 해서 얻는 수익이기 때문에 쉽지 않은 것이죠.

그렇다면 보통 사람이 부자가 되는 가장 좋은 방법은 무엇일까요? 바로 은퇴 준비를 위한 자산설계를 하고, 돈을 아껴 쓰는 것입니다. 이 두 가지만 잘해 두어도 평범한 사람도 누구나 '작은 부자'로 은퇴할 수 있다고 생각합니다.

저축을 강제해야 부자가 된다

저는 그래서 지금 소득이 얼마이든, 나이가 많든 적든, 결혼을 했든 그렇지 않든 간에 노후 준비를 위해 연금저축이나 IRP 같은 상품에 가입하라고 말씀드립니다. 방금 말씀드린 상품들은 강제로 저축을 하도록 만드는 상품이거든요. 달리 말해 강제로 돈을 안 쓰도록 하는 방법인 것이죠.

위 상품은 소득공제 혜택이 있는 대신, 최소 5년 이상 적립을 해야 하고 55세 이후에는 연금으로 수령하도록 되어 있기 때문입니다. 만약 가입자가 계약을 중도에 해지하거나 또는 연금이 아닌 다른 방법으로 이를 수령하게 되면, 인출 금액 등 소득공제를 받은 금액에 대해서 기타소득세를 납부해야만 합니다. 납부하지 않을 수 있는 세금을 납부하는 것이 싫어서라도 강제로 저축을 하게 되는 것이죠.

당장 해지를 하고 싶어도 못 하게 되는 상품에 가입하는 이유는 무엇일까요? 앞서 말씀드린 것처럼 노후 대비를 위해 장기적 투자를 하기 위해서입니다. 우리는 누구나 노후 대비를 반드시 해야 합니다. 이미 한국은 고령화사회로 접어들었고 이 책을 읽는 여러분과 저는 어쩌면 100세까지 거뜬히 살아야 할 수도 있으니까요. 연금자산을 준비하기에 늦은 나이란 없다고 봐도 무방합니다.

4.
익혀 두면 도움이 되는 금융 지식

이번에는 재테크를 처음 하는 분들이 익혀 두면 도움이 되는 기초적인 금융 지식을 알려 드릴까 합니다. 아무리 재테크를 잘하려고 해도 기본 용어와 개념을 모르면 올바른 재테크를 할 수 없습니다. 이미 알았던 내용이라고 해도 실제 나에게 '와닿도록' 익히는 건 또 다른 문제죠. 기본적인 용어이니만큼 이번 기회에 제대로 익혀 볼까요?

금리

은행에 돈을 예금하면 금리를 주죠. 대출을 받아도 금리를 냅니다. 즉 금리란 돈에 대한 가격입니다. 요즘은 은행 예금 금리가 너무 낮아서 예금이나 적금 수익률이 아쉽다고들 하는데요. 모두가 알다시피 은행은 이 금리 차이로 인해 수익을 내는 기관입니다.

그런데 이 은행이 정하는 금리는 누가 정할까요? 바로 한국은행이 정합니다. 한국은행은 주기적으로 금융통화위원회를 열어서 은행 금리를 정하게 되는데요. 한국은행이 금리를 올리면 예금, 대출 금리가 오르고 반대로 금리를 내리면 이 금리들도 내리게 되죠. 한국은행은 주로 경제를 부양하기 위하여 금리를 내리고, 긴축하기 위하여 금리를 올립니다.

채권

채권은 정부나 기업이 자금을 조달하기 위해 발행하는 채무 보증서입니다. 이 채권을 구입하면 정부나 기업이 일정 이율로 원금에 대한 이자를 보장해서 지급하기 때문에 주식 대비 상대적으로 안정적인 수익을 누릴 수 있습니다. 우량한 채권일수록 낮은 금리로 자금을 조달할 것이고, 우량하지 않은 채권일수록 투자자를 모으기 위해 높은 금리로 자금을 조달하게 됩니다. 또한 채권을 만기까지 보유할 경우에는 정해진 이자를 받지만 중간에 자금이 필요하여 시장에 매각하게 될 경우는 채권 가격에 의하여 수익률이 결정되기도 합니다.

기간이 길수록 채권 가격은 시장금리에 반응하게 되는데요. 장기 채권 A를 매입한 후 시장에 매각한다면 금리 상승기에는 채권 가격이 떨어지게 됩니다. 왜냐하면 지금 발행된 다른 채권 B를 매입하게 되면 더 많은 이자를 받을 수 있기 때문이죠. 그래서 채권 A의 매각 가격에는 금리 상승분이 반영됩니다.

채권은 보통은 1억 이상의 단위로 매입하지만, 펀드를 통해서 소액 투자가 가능하답니다.

주식

요즘은 주식에 투자하는 분들이 많아서 가히 '주식 열풍'이라고 해도 과언은 아닌데요. 주식 투자를 할 때 코스피니 코스닥이니 하는 말 많이 들어 보셨죠? 이 두 가지 개념은 바로 상장된 기업이 어떤 속성을 지니고 있는지에 따라서 거래소가 달라지는 것인데요. 전통적인 산업에 속하는 제조업이나 서비스업 등의 산업에 속한 기업들은 보통 코스피에 상장을 하고, 컴퓨터나 인터넷 등 신사업을 기반으로 한 기업들은 코스닥에 상장을 하게 됩니다.

쉽게 말해서 코스피는 전통적인 기업, 코스닥은 신산업에 속한 기업이 상장되는 거래소다, 라고 이해하시면 편합니다. 그럼 이 두 거래소 중 어디에 투자를 해야 할까요? 정답은 없지만 보수적인 업종에 투자하는 분이나 안정적인 수익률을 원하는 분들은 코스피에 투자하고, 최근 인기가 높은 게임이나 IT 등 사업에 투자해 공격적인 수익률을 선호하는 분들은 코스닥 상장 기업에 투자하기도 합니다.

당연하게도 주식은 시장 상황에 따라 수익률이 떨어지기도 하고, 높아지기도 하는데요. 예금자 보호가 되지 않는 상품이기 때문에 신중하게 투자를 해야 하고, 투자를 할 때는 처음부터 개별 주식을 고르기보다는 펀드나 ETF 투자 등을 통해 상대적 변동성이 적은 투자를 하는 것이 좋습니다.

환율

뉴스를 보면 가끔 환율이 올랐다, 환율이 내렸다, 와 같은 표현들을 듣게 되는데요. 환율이 오르고 내리는 건

학교 교과서에서 배운 것 같은데 왠지 와닿지가 않죠. 환율이라는 건 예를 들면, 한국 돈인 '원화'와 미국 돈인 '달러'간의 교환가격을 말하는 것인데요. 우리나라와 같이 자국통화표시 환율을 사용하는 경우 환율이 오른다는 건 원화가치가 떨어지고 달러가치가 높아진다는 뜻이고, 환율이 내린다는 건 그 반대를 뜻합니다.

환율은 언제 오를까요?

원화가치가 떨어지면 환율이 오르는데 원화가치는 금융 위기 때 큰 폭으로 떨어지는 편입니다. 과거 IMF와 서브프라임 모기지로 인한 금융위기가 발생했을 때 달러는 각각 2,000원대와 1,600원대로 크게 올랐었던 게 대표적인 예입니다.

만약 투자의 방법으로 환 투자를 선택했다면, 환율이 오를 것으로 예측(원화가치 하락)될 때 가지고 있는 원화를 팔아 외화를 매입하고 환율이 내릴 것으로 예측(원화가치 상승)될 때 외화를 팔아 원화 매입한 후 기다려서 예측대로 움직인다면 수익이 생기게 되는 것입니다.

액티브투자 vs 패시브투자

액티브투자는 오를 만한 기업을 선택해서 해당 기업에 직접 투자하는 방식으로 전문 투자자나 투자 경험이 많은 분이 선택하는 투자 방식이며, 패시브투자는 투자 지식이 없는 일반 투자자분들이 선택하는 방식으로 코스닥 지수나 코스피 지수 등에 투자하는 방식입니다. 코스닥이나 코스피 지수는 해당 거래소에 상장한 기업 모두에 투자하는 효과가 있어서 액티브투자 대비 변동성이 적습니다.

2장
모은 자산 늘리는 소소한 투자의 비밀

가랑비에 옷 젖는다는 말이 있죠.
이 말처럼 투자에 딱 맞는 속담이 없습니다.
매달 1%만 수익을 얻어도 1년이면 12%!
이 수익률을 복리로 투자하는 건 결코 어려운 일이 아니죠.
재테크 고수가 아니어도 하루 20~30분만 투자하면
누구든지 쉽게 자산을 불릴 수 있으니, 한번 도전해 보세요!

1.
투자의
중요성

 저는 고객분들에게 투자의 중요성을 강조합니다. 요즘 같은 저금리 시대에는 돈을 예금이나 적금에만 묶어두는 것은 비효율적일뿐더러 손해이기도 합니다. 매년 물가는 오르는데 금리가 물가를 못 따라간다면, 사실 현금을 가지고 있는 것 자체가 매년 마이너스입니다.

 그런데 투자라고 하면 흔히 "원금 손해를 볼 수도 있으니 위험하다"라고만 생각합니다. 제가 적합한 투자를 권해 드리면 많은 분이 "그건 원금이 손해날 수도 있는 것 아닌가요?"라고 되물으시는 경우가 많죠. 원금도 보장되고 수익도 보장되는 상품이 있다면 참 좋겠지만, 투자상품은 대개 손해의 위험을 감수하고 얻는 수익이라고 보시면 됩니다.

 위험이 없는 수익은 존재하지 않는데도 목돈을 가지고 계신 분들은 돈을 잃을 가능성 때문에 조심스러워지게 되죠. 이 부분은 자산관리를 도와드리는 제 직업을 떠나서 개인적으로는 충분히 이해가 되는 대목입니다. 종잣돈에 해당하는 목돈을 모으느라 고생하셨을 것이기 때문이죠. 그런 점에서 투자는 최대한 보수적으로 하는 방향이 맞습니다. 보수적인 투자로 원금 손해는 최대한 방어하고, 수익은 최대한 확보하면서 가려면 어떤 게 필요할까요?

지혜로운 투자자가 되려면?

저는 이것을 경기에 나가는 펜싱 선수에 비유를 합니다. 투자수익률이라는 점수를 따려면 반드시 경기에 나가야 하는데, 아무런 준비 없이 나가면 점수를 잃고 경기에서 지고 말겠죠. 훌륭한 선수(투자자)라면 만반의 준비를 하고 경기에 나가서 득점도 하고, 경기에 승리할 것입니다.

그러니까 우리는 투자라는 경기에 나가기 전 최대한 완벽한 준비를 한 상태로, 무대에 올라야 합니다. 그러다가 가끔은 점수를 뺏길 때도 있고, 점수를 딸 때도 있죠. 수익을 올리다가 가끔 원금 손해가 생길 수도 있습니다.

하지만 경기 경험(투자 경험)이 쌓이면 점점 더 승률은 올라갈 수밖에 없어요. 경험을 통해서 역량이 쌓이기 때문이죠. 그럼 경기 전 더욱 만반의 준비를 한 상태로 오르게 되고, 이렇게 되면 승률(투자수익률)은 더욱 오르게 되어 있습니다.

그래서 투자는 하루라도 빨리 시작하는 게 좋습니다. 역량과 경험의 측면에서 그 편이 훨씬 유리하니까요.

이 점을 알고 계신 분들은 주식 투자나 부동산 투자 등을 꽤 적극적이고 공격적으로 실천하십니다. 투자 경험이 쌓이면 자신감도 붙고, 확실히 더 많은 수익을 얻을 가능성이 높아지죠. 하지만, 앞서 말씀드렸듯 모든 투자는 투자 위험을 감수하고 시작해야 합니다. 투자란 어느 정도의 위험을 갖고 있는지를 정확히 판단하는 것에서 출발합니다.

투자 경험이 전혀 없는 분들이 곧바로 직접투자에 나서는 것은 상당히 위험한 행동이죠. 마찬가지로 부동산 투자 경험이 없는 분들이 아파트 갭 투자를 하는 것도 위험한 부분입니다.

이 때문에 저는 처음에는 펀드를 통한 간접투자를 통해 경험을 충분히 쌓은 뒤에 직접투자를 하시라고 권해드리는 편입니다.

꼭 알아야 하는 투자심리

우리 주변의 사람들은 투자를 하면서 왜 자산 가격이 제일 높을 때 매입하고, 제일 낮을 때 매도할까요? 그리고 다시는 투자를 안 하겠다고 다짐하고 또다시 제일 높을 때 매입하는 행동을 반복할까요?

이러한 비합리적인 행동은 우리가 잘못된 것이 아닙니다. 전통경제학에서는 사람을 합리적인 존재로 가정하고 있지만 행동경제학에서 여러 번 증명되었듯이 우리는 비합리적인 면이 존재합니다.

그렇다면 우리가 비합리적인 면을 미리 알고 있다면 이기는 투자를 하는 데 도움이 되지 않을까요?

여러 가지 행동경제학(Behavioral economics)적 특

징 중 투자 결정을 함에 있어 다시 한번 생각을 한다면 도움이 될 수 있는 특징 다섯 가지를 소개해 드리고자 합니다.

첫째(Prospect theory), 사람은 이익을 더 빨리 확정하고 싶지만 손실은 미루고 싶어 하는 경향이 있습니다. 이러한 경향 때문에 손실을 미루다 -80~-90%에서 매도를 하는 현상이 발생하는 겁니다. 이러한 특성을 역이용하자면 이익이 나기 시작하면 조금 더 보유하고, 미리 허용해 놓은 손실을 넘어서면 손절매하는 전략도 좋아 보입니다.

둘째(Herd behavior), 사람은 혼자보다 여러 사람이 함께 행동함으로써 안도감을 가집니다. 혼자 투자를 하는 것이 아닌 여러 사람이 투자하는 것에 대한 안도감이죠. 이러한 현상 때문에 친구들이 소개해 준 펀드에 더욱더 쉽게 투자하게 되는 것입니다. 투자는 본인의 소신과 지식이 가장 중요해 보입니다.

셋째(Cognitive dissonance), 사람은 자신의 결정이 옳다고 믿고 싶어 합니다. 이러한 특징 때문에 결정이 옳지 않았을 때 자기변명과 정당화를 함으로써 더욱 투자 행동에 변화를 주지 않는 것이죠. 내가 틀렸을 수 있음을 인정하고 다른 의견을 받아들이는 것도 좋아 보입니다.

넷째(Decision weight), 사람은 객관적으로 낮은 확률을 과대평가하고, 높은 확률을 과소평가하는 경향이 있습니다. 한 방 심리가 작용했을 때 우승 확률이 낮은 말에게 베팅하는 현상이죠. 투자는 투기가 되어서는 안 됩니다.

다섯째(Staus quo bia), 사람은 현재 상황의 변화를 싫어합니다. 새로운 것을 받아들이는 데 불안과 스트레스가 있기 때문이죠. 그렇지만 이러한 행동으로 매입/매도 기회를 놓치는 경우도 발생한답니다.

2. 나에게 맞는 투자상품 고르는 법

직접투자 및 간접투자는 장단점이 있기 때문에 자신의 현재 상황을 고려해서 거래를 해야 하는데요. 여러 상황을 고려하여 간접투자인 펀드를 가입하기로 결정했다면 어디서 가입하는 게 좋을까요?

보통은 펀드 가입 시 은행 창구에 방문해서 상담을 받거나, 앱을 통해 알아보는 경우가 많습니다. 펀드 상품을 모르는 경우는 상담을 받고자 은행에 가는 경우가 많은데요. 은행 창구는 대기 시간이 오래 걸리고 가입 절차가 복잡하여 저는 앱에서 알아보는 것을 추천해 드립니다.

펀드를 앱에서 가입해야 하는 이유

펀드에 대해 직관적으로 잘 설명한 앱이 있는 경우 창구에서 가입하는 것보다 시간적, 경제적으로 절약을 할 수 있기 때문입니다. 그리고 앱에서 추천하는 상품은 해당 금융회사를 대표하는 상품이라 심사숙고가 이뤄져 추천된 상품이기도 합니다.

또한, 은행 앱 추천 상품은 과장 광고를 하기 어렵기 때문에 신뢰 있는 정보를 제공하기도 하죠. 무엇보다 좋은 것은 시간을 절약할 수 있다는 것입니다. 만약 펀드를 은행 창구에서 가입하려면 최소 40분 이상이 걸리겠지만, 앱을 통해서는 5분이면 가능하기 때문에 훨씬 수월하죠.

이 때문에 앞으로는 앱을 통해서 펀드를 가입하는 사람들이 훨씬 늘어날 것으로 보이는데요. 또한 소비자 위주의 프로세스를 제공하는 경쟁력을 갖춘 판매기관이 등장할 것으로 보입니다.

투자하는 사람 입장에서는 믿을 수 있고 쉬운 투자 프로세스를 제공해 주는 앱을 찾아서 투자하는 것이 중요합니다.

직접투자와 간접투자

직접투자와 간접투자의 차이는 무엇일까요? 이 책의 다른 대목에서도 몇 번 언급하겠지만 투자 종목을 투자자 본인이 직접 선택하여 투자하는 것과 전문가인 펀드매니저를 통해서 투자한다는 것의 큰 차이가 있습니다. 자세한 내용을 함께 정리해 볼까요?

✓ 직접투자
- 증권사에서 직접 주식 또는 채권을 매입한다.
- 유망하다고 생각하는 종목을 스스로 정한다.
- 증권사 창구 또는 홈페이지나 앱 HTS를 통해 매입한다.
- 증권거래세(0.25%) 및 수수료(약 0.5%)가 발생한다.
- 시장 가격으로 직접 매입/ 매도를 할 수 있다.
- 장점: 한 종목으로 고수익을 추구할 수 있다.
- 단점: 종목 공부를 많이 해야 한다.
- 매입/ 매도 시점을 판단해야 한다.
- 비싼 주식을 1주 사려면 해당하는 자금이 있어야 하고 분산투자가 어렵다.

✔ 간접투자

- 은행이나 증권사에서 펀드를 매입한다.
- 경제 흐름의 큰 방향만을 예측하고 펀드에 가입하면 펀드매니저가 종목을 선정한다.
- 은행 창구나 홈페이지 또는 앱을 통해 가입한다.
- 총비용은 주식형의 경우 연 2% 내외이다.
- 장점: 소액으로 분산투자가 가능하다. 또한 투자 전문가가 종목을 산정해 매입/ 매도를 한다.
- 단점: 매도 시 수익률 결정이 오래 걸린다. 직접투자 대비 상대적으로 수수료가 비싸다.

어려운 것 같으니 조금 더 쉽게 풀어 볼까요?

간접투자인 펀드에 대하여 조금 더 말씀을 드려 보겠습니다. 펀드는 투자 유형에 따라 크게 액티브펀드와 패시브펀드로 나뉘는데요. 액티브펀드는 개별 종목에 투자하는 것이고, 패시브펀드는 시장 지수에 투자하는 것이죠. 인덱스펀드는 패시브펀드로 분류됩니다.

예를 들어 삼성전자와 카카오, 현대자동차 등이 유망하다고 생각해서 이들 3개 기업에만 투자하는 펀드가 있다면 이는 액티브펀드이며, 이와 다르게 코스피나 코스닥 지수 전체에 투자하는 펀드는 인덱스펀드입니다. 이들 각각은 장점과 단점이 있습니다.

여기서 참고로 말씀드리면 국내 주식시장은 코스피와 코스닥 등으로 구성되어 있는데요.

1장의 '**4. 익혀 두면 도움이 되는 금융 지식**'에서 설명을 드린 바와 같이, 코스피는 비교적 전통적인 종목으로 구성되어 있고 코스닥은 IT 기업이나 벤처기업 등으로 구성됩니다. 미국의 나스닥과 같은 지수인 것이죠.

코스피나 코스닥 시장에서 거래되는 주식들의 가격 전체를 추종하는 것이 바로 코스피, 코스닥 지수입니다. 흔히 뉴스에서 코스피 지수가 3,000을 돌파했다고 할 때 주가지수로 표현이 되죠.

액티브펀드는 종목을 잘 골라 담을 경우 수익이 괜찮을 수 있지만, 종목 선택이 잘못되면 손해가 크게 납니다. 또 종목을 잘 선택했다고 해도 만약 경제위기나 최근의 코로나19처럼 경기 악화에 영향을 주는 사건이 터지면 펀드 수익이 하락할 수 있죠.

반면에 인덱스펀드는 이런 경기 환경에 영향을 받긴 하지만 액티브펀드처럼 수익률이 널뛰지는 않습니다. 물론 주식 시장이 좋을 때 개별 주식이 수익을 내듯, 크게 오르지도 않는 특징도 있지요. 쉽게 말해 액티브펀드 대비 안정적입니다.

저는 장기투자의 관점에서 보면 액티브펀드보다는 인덱스펀드가 더 나은 선택일 수 있다고 봅니다. 10년, 20년을 기간으로 두고 보면 수익률 면에서 인덱스펀드가 액티브펀드를 훨씬 앞지릅니다.

또 인덱스펀드는 개별 주식처럼 내가 주가에 매일 신경 쓰지 않고 마음 편하게 투자할 수 있다는 장점도 있지요. 주식을 잘 모르는 사람, 투자가 처음인 분들도 그래서 인덱스펀드부터 시작하는 경우가 많습니다.

인덱스펀드 선택 시 주의할 점

그렇다면 인덱스펀드를 선택할 때는 어떤 상품에 투자하는 게 좋을까요. 국내 주식 시장에서 가장 많이 거래되는 인덱스펀드 상품은 코스피 200입니다. 이는 코스피 시장에 상장된 900여 개 중 상위 200개 기업의 주가를 이용해서 만든 지수입니다.

이러한 코스피 200 지수의 움직임에 따라 투자할 수 있는 인덱스펀드나 ETF 상품 등에 투자하는 것이죠. 펀드와 ETF 상품은 약간의 차이가 있습니다. 펀드는 종류에 따라서 매수와 환매 체결일(신청 후 약 +1~4일)이 달라지는데요. 반대로 ETF는 실시간으로 언제든 사고 팔 수 있는 장점이 있죠.

ETF를 이용해서 투자하는 방법을 살펴볼까요? 참고로 ETF에 대해서 설명해 드리자면, ETF(Exchange Traded Fund: 상장지수펀드)는 인덱스 지수와 수익이 연동되는 상품을 말합니다. 이러한 ETF의 장점은 소액으로도 투자가 가능하고, 장기적으로 투자했을 때 안정적으로 수익을 낼 수 있죠.

대표적으로 코스피 200 지수에 따른 ETF 상품 목록은 다음과 같습니다.

✔ 품목명

KODEX 200 – 삼성자산운용

TIGER 200 – 미래에셋자산운용

KBSTAR 200 – 케이비자산운용

ARIRANG 200 – 한화자산운용

KINDEX 200 – 한국투자신탁운용

KOSEF 200 – 키움투자자산운용

HANARO 200 – 엔에이치아문디자산운용

파워 200 – 교보악사자산운용

TREX 200 – 유리자산운용

상품이 굉장히 다양하죠?

이렇게 많은 상품 중 어떤 것을 골라야 할지 결정하는 게 어려울 수 있는데요. 상품별로 조금씩 차이가 있는데 전문가가 아니고서는 이 차이를 정확히 알기란 어렵습니다.

대신 일반 투자자도 쉽게 판단할 수 있는 지표가 있는데요.

우선, 해당 ETF의 거래량이 얼마나 되는지 봐야 합니다. 투자를 수영에 비유하면, 수영을 하려면 개울물보다는 강이나 바다에서 하는 게 낫겠죠? 만약 가뭄에 물이 마르게 되면 개울물은 쉽게 마르겠지만, 강이나 바다는 수량이 그래도 충분할 테니까요.

여기서 수량이 바로 투자에서는 거래량에 해당합니다. 거래량이 많고 시가총액이 큰 ETF는 이미 많은 분이 선택한 상품이기 때문에 어느 정도 검증이 된 상품이라고 볼 수 있습니다.

두 번째는 해당 ETF를 운용하는 자산회사가 어디인지를 보는 것입니다. 규모가 작은 회사에 운용하는 ETF는 자산운용사가 갑자기 폐업할 경우 상품 자체가 사라질 수 있으니 되도록 규모가 크고 안정적인 회사에서 거래하는 것이 좋습니다.

저는 이 두 가지만 잘 살펴도 ETF를 선택하는 데 실수를 할 일이 없다고 봅니다.

3.
수익률 높이는 투자의 비밀

자본주의는 더 많은 수익이 창출됨으로 인해 우리 삶을 윤택하게 하는 제도입니다. 더 쉽게 풀어서 말하면 돈이 돈을 만들어 내는 자본 투자가 자본주의를 움직이는 원동력이죠. 자본시장에서 움직이는 자금은 부동산과 금융, 기업투자 등 다양한 분야로 흐르게 마련인데요.

보통 사람은 접근하기 어려운 분야는 논외로 하고 보통은 부동산이나 금융 투자를 많이 접하게 됩니다. 제가 아는 한 고객은 경매와 코인 투자를 병행하면서 매달 큰 수익을 올리고 있었는데요. 이분은 경매로 20년의 경험을 쌓아서 적잖은 돈을 벌고 있었음에도 비트코인 투자를 하셨습니다. 아직 국내에서 비트코인 투자는 다소 위험한 투자 방식으로 보통 투자 경험이 많은 분은 손을 대지 않는 분야인데요. 경매 투자라는 안정적인 수단이 있음에도 불구하고 왜 비트코인에 투자하느냐는 물음에 이분의 대답이 인상적이었습니다.

"분산투자를 하기 위해서죠. 주식은 이미 많은 사람이 투자하고 있어서 수익을 내기가 어려운데 비트코인을 비롯한 코인 시장은 아직 투자자가 많지 않아서 유망한 투자처로 꼽고 있습니다."

이렇게 투자 경험이 많은 사람도 투자의 기본을 '분산투자'로 꼽고 있습니다. 흔히 '계란을 한 바구니에 담지 말라'는 말이 있는 만큼, 분산투자는 투자의 대가들이 강조하는 부분이기도 한데요. 이 책을 읽는 분 중 투자 경험이 별로 없는데 처음 투자를 시작하시는 분들이라면 주식 투자나 부동산 투자에 한 번에 많은 돈을 넣기보다는, 자금을 나누어 분산투자를 하는 것이 좋을 것 같습니다.

투자의 기본은 포트폴리오 전략

분산투자에 대한 기본 개념을 익히고 나면 수익률의 개념으로 접어듭니다. 대부분 고객분들이 수익률에 대해서 현실적이고 냉정한 기준을 잡기보다는 상황에 따라 다르고, 이상적인 관점으로 수익률을 생각하는 경향이 있습니다. 예를 들면 경기가 호황일 때에 "목표수익률이 얼마인가요" 하고 물어보면 고객들이 40%, 50%를 말합니다. 코로나19 이후 국내 주식이 반등한 2020년 연말부터 2021년 초까지 국내 주식이 소위 말하는 '불장'이었을 때는 100% 이상의 수익을 지극히 당연한 것으로 받아들이는 분도 많았죠.

아마도 우리나라는 부동산 불패 신화가 있기 때문에 부동산으로 큰돈을 벌었다는 분들이 계시고, 보통 투자 수익이라고 하면 몇 배를 남겼다, 는 식으로 회자되기 때문에 이런 수치를 당연하게 생각합니다.

그런데 우리가 잘 아는 투자의 고수들은 저마다 자신만의 투자 원칙을 갖고 있습니다. 미국 주식 투자의 대가인 워런 버핏의 경우, 연평균 수익을 25% 내외로 보고 있는데 이는 버핏이 보기에 지극히 높은 수익률에 해당합니다. 복리로 계산하면 불과 몇 년 만에 2배 수익을 올릴 수 있기 때문이죠. 중요한 건 꾸준히 매년 25% 내외의 연수익을 주식을 통해 올리는 것인데 이것이 말처럼 쉽지 않다는 얘기입니다.

그런데 주식을 처음 하는 분들이 하루에 1%씩만 수익을 내면 1년이면 300%가 넘는다, 라고 하면서 단타 투자에 몰두하는 경우도 있습니다. 하지만 투자로 수익을 잃는 사람이 넘치는 투기성 시장에서 매일 1%씩 수익을 올리는 건 기적 같은 일입니다. 주식 투자를 잘 모를 때에는 이처럼 일일 수익을 기준으로 자신의 목표수익률을 정할 수 있지만, 경험이 쌓이면 누구나 워런 버핏처럼 안정적이고 확실한 연수익률을 꿈꾸게 되어 있습니다.

이쯤 되면 투자자로서 우리는 스스로에게 물어봐야 합니다. 내가 원하는 목표 연수익률은 얼마인가? 하고 말이죠. 이때에는 당연히 최저 수익과 최고 수익을 나누어야 할 텐데요. 최저 수익이라는 것은 적금 금리나 물가상승률보다 높아야 하며, 최고 수익이라는 것은 내가 생각하는 바람직한 연수익입니다. 이 기준점이 있어야만 자신이 왜 투자를 하는지, 그리고 투자로 얻을 수 있는 것이 무엇인지를 좀 더 정확히 알 수 있죠.

물가상승률에 대해서 막연하게 얼마나 올랐는지 체감하는 것이 개인은 쉽지 않을 수 있지요. 올해 물가가 얼마나 올랐는지를 정확히 측정할 수 있는 도구가 있는 것도 아닙니다. 제 고객 중에는 이른바 '장바구니 물가'를 기준으로 물가가 많이 올랐다, 그렇지 않다고 측정하는 분들도 계신데요. 주부들이 체감하는 물가보다 정확한 것이 바로 한국은행 통계입니다. 한국은행에서는 매년 물가상승률을 발표하는데요. 한국은행 홈페이지(www.bok.or.kr)에서 통합검색을 해 보면 물가상승률뿐만 아니라 다양한 경제지표를 확인할 수 있으니 참고하시면 도움이 됩니다.

투자를 하는 분들은 보통은 연 3~5% 내외의 물가상승률을 염두에 두고 투자를 하는데요. 이 수치보다 낮은 수익률이라면 물가상승률보나 투자수익이 낮기 때문에 수익을 냈다고 보지 않는 것이 일반적입니다.

요즘은 은행 적금 금리가 상당히 낮죠? 염두에 둔 물가상승률인 연 3%가 안 되는 경우가 대부분입니다.

어느 상품에 투자할 것인가

부동산 투자를 제외하면 금융 상품은 보통 크게 네 가

지로 분류합니다. 주식과 채권, 금 등의 대체투자, 현금 인데요. 투자 범위를 국외로 확장한다면, 국내주식, 해외주식, 국내채권, 해외채권, 대체투자, 현금성 자산 등 여섯 가지로 나눌 수 있죠.

 그러면 이 모든 상품에 전부 분산투자를 하는 것이 좋을까요? 이 역시 전문가들의 조언은 제각각입니다. 제 경우는 2~3개, 내지는 많아도 4개 이내 상품에 분산투자하는 것을 권유해 드리는데요. 여유 기간과 투자 경험에 따라 아래 상품을 중심으로 분산투자 하는 것을 추천해 드립니다.

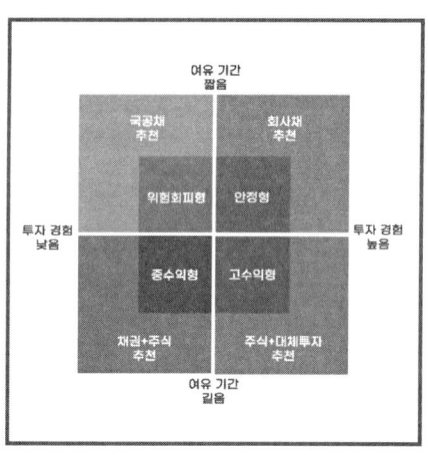

이때에도 두 가지 관점에서 투자 포지션을 정하는 것이 좋습니다.

1) 투자할 종잣돈이 마련되어 있는 경우

앞서 여유 기간 및 투자 경험에 따른 포트폴리오를 말씀을 드렸는데요. 투자 경험은 많지 않지만 여유 기간이 중·장기인 자금이라고 가정해 보겠습니다. 현재 자신에게 5,000만 원~1억 이상이 투자 목적으로 마련되어 있다면, 투자할 종잣돈이 마련된 상태라고 보면 됩니다. 이 경우는 비교적 안정적인 채권과 약간의 변동성을 가져갈 수 있는 주식을 추천하고 있죠. 국내와 해외채권에 종잣돈의 50~60%를 묶어 두고 나머지는 주식과 일부 대체투자의 비중으로 분산투자를 하는 것을 추천해 드립니다.

2) 투자할 종잣돈이 없는 경우

이 경우는 적금 대비 초과수익이 가능한 우량주 투자를 권해 드리고 싶습니다. 국내 주식에서는 코스닥처럼 등락이 있는 상품보다는 ETF 투자를 권해 드리며 해외 주식에서도 전체 시장 지수인 S&P 500 같은 상품에 투자하는 것이 좋습니다. 매월 투자를 하는데 주가 등락이 심한 코스닥이나 나스닥에 투자한다면 마음 편하게 잠들 수 없을 거예요. 고객 중에서 코스닥 단기투자로 수익을 올렸다가 급작스러운 주가 하락으로 손해를 본 고객들이 많습니다.

그래도 위험한 주식에 투자하고 싶다고 하시면 전 이렇게 조언합니다.

"그 투자금을 모두 잃어도 생활에 불편함이 없으신가요?"

기준은 이것입니다. 내가 그 투자금이 없어도 생활비에 문제가 없을 것. 그렇다면 주가 변동으로 인해 수익률이 달라져도 그렇게까지 불안하지는 않을 거예요. 만약 내가 주식 투자를 하려고 하는데 위험한 투자를 해도 되는지 고민이 된다면 한 번쯤 생각해 볼 만한 기준입니다.

꼭 국내 주식이어야 하나요?

투자를 전혀 해 보지 않은 분들이 주식 투자를 할 때

항상 제게 묻는 말이 있습니다. 주식은 어느 나라 주식을 해야 하는지, 주식은 어떤 기준으로 사야 하는지 헷갈린다는 것입니다.

최근에는 주식 투자에 대한 대중의 인식이 많이 열려서 국내 투자가 활발히 이뤄지고 있는데요. 저는 비교적 해외 주식, 그중에서도 미국 주식 투자를 조금 더 추천해 드리고 싶습니다. 국내 주식의 경우는 시장 규모가 미국 주식에 비해 10분의 1도 안 될 정도로 작아서, 미국 경기에 따른 영향을 받습니다. 우리나라는 미국 경기 및 금리에 경제 주체들의 영향이 크기 때문에 선행되는 시장인 미국 시장을 항상 주시하게 되는데요.

미국은 최근 코로나19로 위축된 경기에 돈을 풀어서 경기를 부양하려고 하는 이른바 '양적 완화' 정책을 서서히 줄이고 시장에 풀었던 달러를 거둬들이는 테이퍼링을 결정했습니다. 미국이 국제 시장에 풀었던 달러를 다시 거두어들이고, 연방준비제도이사회를 통해서 금리를 올리게 되면 한국은행 역시 금리를 올려서 이에 발맞추게 되는데요. 이는 수출 기업이 많은 우리나라와 같은 나라에서 경제 흐름을 조율하는 방법이기도 합니다.

미국의 경제 사정에 대한 변수는 예측이 정말 힘든데요. 국내 주식에만 몰두하고 있다가 미국 경제가 갑자기 안 좋아지게 되면 여파가 한국에 영향을 미치며 국내 주식 투자 수익이 낮아질 수밖에 없습니다.

그렇기 때문에 저는 한국 주식보다 시장이 크고 경기를 움직이는 큰 흐름인 미국 주식에 투자하는 것이 장기적으로는 바람직하다고 봅니다. 특히 미국 주식은 세계 주요 기업들이 증권 시장에 상장되어 있어 장기투자처로 유망합니다.

여러분께서는 2021년 세계 전체 시장에서 1등 주식이 어디인지 알고 계신가요? 의외로 주식을 하는 분 중에서 미국 시장에서 어떤 주식이 1등 주식인지 잘 모르는 경우가 많습니다.

미국 주식 시장에서 가장 높은 시가총액을 갖는 기업은 2021년 11월 현재 바로 마이크로소프트입니다. 2021년 9월까지만 해도 시가총액 1위는 애플이었지만 3분기 실적 호조로 마이크로소프트가 16개월 만에 시가총액 1위를 달성하였습니다. 시가총액 1위라는 의미를 쉽게 말하면 그만큼 많은 사람들에게 높은 가치를 가져다주고 있는 기업이라는 뜻이죠.

많은 국내외 투자 전문가들이 미국 주식에 투자할 때 우량주 투자 중에서도 1등 기업 투자를 추천하고 있습니다. 20년 장기투자를 기준으로 삼았을 때 미국 1등 주식 투자수익률은 S&P 500 같은 전체 시장 지수보다 높은데요. 기준이 되는 시점마다 다르겠지만 미국 1등 주식의 수익률은 연평균 30%를 넘는데, S&P 500은 연평균 14~17%를 기록하고 있습니다.

투자 가능 자산 살펴보기

✔ 국채 투자

국채는 정부가 원금과 이자의 지급을 보증하는 돈입니다. 정부에서 세금만으로 국가 운영이 안 될 경우, 국가 또한 돈을 조달하게 되는데, 이 돈에 이자를 붙여서 지불하겠다는 약속이 담긴 채권입니다.

당연히 국가가 보증하기 때문에 안전하다는 장점이

있고, 같은 채권이라도 회사에서 발행한 회사채에 비해서 부도가 날 확률도 적습니다. 물론 국채 수익률은 회사채보다는 낮은 편이긴 하지만, 안정적이면서 적금 이율보다 높다는 이유로 자산가들의 투자 방법으로 선호되고 있습니다.

채권 가격과 주식 가격은 금리 정책과 관련이 있는데요. 금리를 내리면 경기 부양의 신호로 안정 자산에서 투자 자산으로 자금이 이동하게 되어 주식 가격이 올라갑니다. 또한 금리를 내리기 전의 장기채는 장기간 높은 금리가 보장되기 때문에 채권 가격이 상승하게 됩니다.

반대로 금리를 올리면 경기 축소의 신호로 투자 자산에서 안전자산으로 자금이 이동하게 되어 주식 가격이 내려가는 경향이 있으며, 반대의 이유로 장기채일수록 채권 가격이 하락하게 됩니다. 이럴 때에는 단기채를 매수하여 금리 상승효과를 바로 보는 것이 효과적입니다. 이처럼 금리 정책에 따라서 채권과 주식을 적절하게 활용하는 것은 투자의 관점에서 매우 중요합니다.

✓ 해외 투자

보통 투자를 하시는 분들은 국내 투자에 국한되는 경우가 많습니다. 국내 투자는 부동산이든 주식 투자이든 국내 경제 상황을 어느 정도 알기에 투자에 적극적인 반면에, 해외 투자는 생소한 데다가 국외 상황을 모르기 때문에 투자를 못 하거나 주저하는 것이죠. 하지만 최근에는 해외 투자 자산의 수익률이 높다는 걸 안 투자자들이 적극적 투자에 나서고 있는 실정입니다. 이는 개인뿐 아니라 공기관도 마찬가지인데요. 예를 들어 세계의 대형 연기금 등도 글로벌 시장의 변동성에 대비해서 해외 투자로 포트폴리오를 다변화하고 있죠.

우리나라의 경우 수출을 통한 흑자로 인해 한국 돈인 원화가치가 올라가는 경우를 막기 위해 주요 연기금의 해외 투자가 이뤄지고 있는 실정입니다.

하지만 여전히 국내 기관이나 개인의 해외 투자 성향은 보수적인 게 사실이죠. OECD 평균에 비춰 보면 우리나라는 주요 GDP 대비 해외주식 보유 비율이 평균 46%에 불과합니다.

✔ 다양한 대체투자

해외 투자의 경우는 비단 금융 상품에만 국한되어 있지 않습니다. 최근에는 특히 대체투자 자산이 각광받고 있는데요. 이러한 대체투자는 금이나 원유, 농산물 같은 유형의 투자 자산을 말합니다. 물론 전통적인 주식 투자에 비해 예측이 어려운 단점이 있지만, 자산 배분으로 투자의 위험을 낮춘다는 점에서는 여전히 매력적이죠.

그러면 대체투자 중에서도 개인이 쉽게 투자할 수 있는 상품은 어떤 게 있을까요? 저는 개인적으로 고객들에게 금 투자를 권유하는 편인데요. 농산물이나 원유 등이 국제 정세 등에 따라서 가격 변동이 심한 반면, 금은 전통적인 '안전자산'으로 분류되어 있기 때문이에요.

특히 주식이나 부동산 등의 투자 자산의 가격 변동이 심할 때, 투자자들이 금이나 은과 같은 안전자산으로 투자금을 옮기는 성향이 있습니다. 그렇기 때문에 금은 현금과 마찬가지로 일정 비율을 보유하고 있으면, 안전하게 자산의 가치를 지킬 수 있죠. 금은 채굴량의 한계가 있기 때문에 가격이 급격히 떨어지지 않는 반면, 경제 위기와 같은 상황에서는 꾸준히 오르는 경향이 있습니다.

✔ 현금성 자산

 현금을 가지고 있는 게 무슨 투자인가요? 제가 현금을 항상 일부 갖고 있어야 한다고 하면 이렇게 묻는 분들이 있습니다. 비상금을 제외하고 얼마가 되었던 통장에 '놀고 있는 돈'을 가지고 있으면 안 된다고 생각하는 것이죠. 하지만 꼭 비상금이 아니더라도 수중에 가지고 있는 현금은 매우 중요한 역할을 합니다.

 모건 하우절의 『돈의 심리학』이라는 책을 보면 현금에 대한 비유가 나오는데요. 저널리스트 출신 저자는 현금이 심리적으로 주는 위안도 크지만, 불필요하게 투자되어야 할 기회비용을 아껴 준다고 말합니다. 조금 더 쉽게 설명하자면, 투자를 하지 않아야 할 때에 투자를 하는 경우를 막아 주기 위해 일정한 금액을 현금으로 비축한다는 것입니다.

 저도 투자에 관한 조언을 하자면 때로는 투자하지 않는 것이 곧 투자인 상황이 있다고 말씀드리고 싶습니다. 2008년도에 글로벌 금융위기가 왔을 때나, 2020년 코로나19로 인해 전체 자산 가치가 하락했을 때에는 투자를 하지 않는 상태인 것이 곧 돈을 버는 길이었죠. 이때 현금성 자산을 가지고 있던 분들이라면, 저점을 기다렸다가 매수한 뒤에 이후 자산 가치가 오르면서 돈을 많이 벌었을 것입니다.

가지고 있는 돈을 반드시 전부 투자해야 한다, 라고 생각할 필요는 없습니다. 만약 나에게 1억이 있다면 그중 절반 정도는 투자를 하지만, 나머지 절반은 수중에 보유하고 있는 것이 더 나을 때가 많습니다. 경기가 어려울 때는 저점 매수의 자금으로 활용되고 경기가 호황일 때는 이 현금을 활용해 공격적 자산에 투자하는 등 투자 전략을 좀 더 탄력적으로 운용하는 게 가능해지기 때문입니다.

제가 추천해 드리는 방식은 목돈이 모일 때까지는 투자와 현금의 비중을 6 대 4로 가져가는 것입니다. 이 원칙을 지킨다면 경기 상황에 관계없이 수익률 높은 투자도 가능합니다.

4.
자산 밸런싱
실전 전략

책을 읽는 독자께서 만약에 ISA(개인종합자산관리계좌) 상품을 아직 가입하지 않으셨다면, 꼭 가입하기를 추천해 드립니다. ISA는 요즘 가장 주목받는 투자 방법이기 합니다. 특히나 2021년 초부터 ISA 계좌로 펀드나 파생결합증권뿐만 아니라 주식투자까지 가능해지면서 투자자들의 관심을 한 몸에 받고 있죠.

ISA 투자 방법은?

ISA 계좌에 대해 잘 모르는 분들을 위해 부연 설명을 하자면, ISA는 다양한 금융 상품을 한 곳에 담으면서 동시에 세금혜택을 받을 수 있는 계좌라고 보시면 됩니다. 우리말로는 개인종합자산관리계좌라고도 하는데요. ISA는 예금성 상품과 펀드, 파생결합증권 등의 금융 상품으로 구성되어 있는데 2020년 초에 여기에 주식이 추가되었습니다.

이렇게 되면 ISA로 투자할 수 있는 목록이 늘어나게 되는데요. 세부적으로 살펴보면 예금과 적금, 예탁금과 예치금을 비롯해 국내상장주식, 집합투자증권, 리츠, ELS, DLS, RP까지 포함하는 만능 통장이라고 볼 수 있습니다.

✔ 가입 조건

ISA 계좌의 경우, 19세 이상 거주자라면 은행과 증권사, 보험사를 통해서 누구나 만들 수 있는데요. 특히 소득 증빙이 어려운 직종이나 개인 소득이 없는 주부도 개설이 가능하다는 장점이 있죠. 다만 계좌는 1인 1계좌만 만들 수 있는데요. 직전 3개년 금융소득종합과세 대상자는 개설이 어렵다는 점 참고 부탁드립니다.

ISA는 의무 가입 기간이 있습니다. 3년 동안은 법령에서 정한 부득이한 사유가 아니라면 중도해지 시 소득세가 붙습니다. 납입 한도의 경우는 연 2,000만 원, 5년간 총 1억 원까지 납입할 수 있습니다.

✔ ISA 계좌의 종류

ISA 계좌는 운용 방식에 따라 신탁형 ISA, 일임형

ISA, 투자중개형 ISA 등 세 가지로 구분됩니다. 신탁형은 투자자가 금융 상품을 지정해서 포트폴리오를 구성하는 방식이며, 일임형의 경우 금융사가 만든 기존 포트폴리오에 따라서 운용되는 것이 특징입니다. ISA로 직접 주식투자를 하려면 중개형 ISA를 선택하는 게 좋은데요. 중개형 ISA는 증권사에서만 가능하다는 점은 참고해야 할 듯합니다.

2023년부터는 금융투자소득이 신설되는데요. 발생한 소득에 대하여 지방세를 포함하여 22~27.5%의 세금이 부과되게 됩니다. 다만 국내 상장 주식 및 국내 주식형 펀드 매매차익의 경우 5,000만 원까지 기본공제가 되고 5,000만 원 초과분부터 세금을 납부하게 되는데 이는 낮지 않은 세율이라서 ISA를 활용하여 공제한도를 아끼는 것이 좋겠습니다. ISA 투자 수익은 비과세와 분리과세가 되기 때문입니다.

ISA는 고객들에게 많이 추천한 참 기특한 상품인데요. 2016년에 처음 만들어지고 지금까지 몇 번의 변화를 거듭하면서 현재의 모습으로 바뀌었습니다. 앞서 말씀드린 바와 같이 2021년 초에는 중개형 ISA를 신설하면서 주식 투자도 가능해졌는데, 이번에 세제가 개편되면서 더욱 메리트가 있는 상품으로 인정받았습니다. 투자 업계에서는 ISA가 장기투자에 따른 수익이 커서 투자 지형을 바꿀 수도 있는 상품이라고까지 칭찬을 하고 있습니다.

ISA는 금융사별로 신탁형 ISA의 경우 라인업 상품이 다르며, 일임형 ISA는 모델포트폴리오가 서로 상이합니다. 그리고 중개형 ISA의 경우도 보수가 다르기 때문에 기왕이면 운용 보수가 낮은 금융회사로 잘 비교해 보고 선택하시기 바랍니다.

✔ 참고 사이트
금융투자협회 전자공시서비스에서 ISA와 관련된 자료를 제공하고 있으니 참고해 보세요.

'금융투자협회 전자공시서비스 - ISA 다모아 메뉴 - 회사별로 비교 가능'

ISA 계좌도 역시 자산 투자의 위험을 나누기 위해 분산투자를 실행하는 것이 중요한데요.

대표적으로 투자하는 주식형 상품의 경우 미국 주가

지수를 또는 ETF 상품을 선택하는 것이 좋습니다.

✓ ISA의 세재 혜택

은행에서 예적금을 가입하여 발생한 금융소득의 일반 과세율은 15.4%인 반면 ISA는 일정 이자(일반형 200만 원, 서민형 400만 원)까지는 비과세가 됩니다. ISA의 순소득이 100만 원이라면 납부해야 하는 세금 15만 4,000원을 절약할 수 있는 것이죠.

또한 일반 증권 계좌에서 거래할 때 보통 수수료와 세금이 발생하는데, 우선 증권 거래 수수료가 발생하고, 그다음으로 분배금에 따른 배당소득세(15.4%)가 발생됩니다. 사실 일반 증권 계좌에서 가장 큰 비용을 차지하는 것은 매매 시 차익에 뒤따르는 배당소득세입니다.

보통 국내주식형 ETF를 제외하고 국채나 원자재 투자 등으로 돈을 벌었다면 세금을 납부해야 합니다. 그러나 ISA 일반형에서 200만 원의 이익이 발생했다고 가정을 한다면 이익의 15.4%인 30만 8,000원의 세금을 절약할 수 있습니다. 이를 원금 2,000만 원에 대한 수익률로 계산해 보면 약 1.5%에 달합니다. 이는 세금을 덜 내는 것만으로도 1.5%의 이자가 더 붙는 효과를 보는 것과 마찬가지입니다.

ISA 일반형의 경우 비과세 한도는 200만 원인데요. 200만 원을 초과해서 이익이 발행한 경우에도 일반 과세율 15.4%가 아닌 9.9%의 분리 과세율이 적용됩니다. 만약 초과수익이 500만 원 발생했다면 일반 과세율과 분리 과세율의 차이인 27만 5,000원만큼을 절약하게 되는 것입니다. 이를 역시 원금 2,000만 원에 대한 수익률로 계산해 보면 약 1.4%에 달합니다. 이처럼 또 한 가지 ISA 세재 장점에 알아야 할 내용은 바로 분리 과세인데요. 금융소득이 2,000만 원 넘어가면 종합소득에 포함되는데 ISA 이익은 분리과세 대상으로 금융소득 2,000만 원 기준에 포함되지 않는다는 점입니다.

물론 ISA 계좌가 만능은 아닙니다. 단점도 분명히 존재하는데요. 5년 만기 상품으로 5년이 지날 경우, 자동으로 해지가 될 수도 있습니다. 만약 펀드 등 투자상품에 가입할 경우에는 만기일 전에 환매 예정일이 정해져 자동으로 매매될 수 있으니 사전에 대비하는 것이 필요하겠습니다.

하지만 만기가 된다고 해서 큰일이 나는 건 아닙니다. ISA 계좌에 있는 ETF들은 자동으로 매도가 되고 정산이 끝나면 내 계좌로 전체 금액이 입금되는데요. 이때 계속 투자하실 분은 이 금액으로 다시 일반 주식계좌에서 같은 포트폴리오를 구성해서 투자를 이어가면 됩니다.

비과세 혜택은 더 볼 수 없지만, 그동안 구성한 포트폴리오가 제대로 작동되었다면 앞으로도 안정적으로 수익이 발생할 것이기 때문입니다.

부자가 되기 위한 3단계 투자 실전 전략

그럼 지금까지 설명을 드린 원칙을 통해서 제가 권해드리는 부자가 되기 위한 단계별 투자 실전 전략 세 가지를 정리해 보겠습니다.

1단계: 저축

돈을 차곡차곡 모으는 단계입니다. 투자를 위한 종잣돈을 마련하는 단계라고 볼 수 있는데요. 이때에는 매달 버는 돈의 일정 비중을 적금이나 미국 ETF 등의 우량 자산에 투자를 하고, 일부는 현금 저축을 하면서 돈을 모으는 단계입니다. 종잣돈의 기준은 사람마다 다를 수 있지만 저는 최소 3,000만 원에서 5,000만 원이 될 때까지는 이 방식으로 돈을 모으라고 추천해 드리고 싶습니다.

2단계: 안정적 투자 밸런싱

투자를 위한 종잣돈이 모였다면 안정적인 자산 투자를 시작합니다. 먼저 40%의 현금을 항상 비축해 두고, 나머지 60%의 목돈 중 일정 비중으로 나누어 ETF 투자, 채권 투자, 금 투자를 실행합니다. 투자 분야는 두세 가지로 한정하고 그 이상 넘어가지 않도록 합니다. 투자 분야가 많아지면 관리가 어려울뿐더러 효과적인 투자를 실행할 수 없기 때문입니다. 경제 상황이 어떻게 달라질지 모르기 때문에 현금은 항상 보유하면서 분산투자를 통해 목표수익률을 확보합니다. 이때의 목표수익률은 연 10~15%를 잡습니다.

3단계: 공격적 투자

2단계까지 확보되어서 종잣돈을 통한 안정적 투자 구조가 마련되었다면, 그다음은 수익의 일부분을 공격적 투자로 확대해도 좋습니다. 여기서 말하는 공격적 투자란 국내외 기술주식 투자나 대체자산 투자를 말합니다. 이들 분야는 변동성이 높지만 그만큼 수익률이 좋으므로, 그동안 쌓은 투자 경험을 통해 일부 자금으로 공격적인 수익을 창출할 수 있습니다. 이때의 투자 자금은 전체 보유 자금의 20%를 넘지 않도록 하며, 연 목표수익률은 30% 내외로 설정하면 됩니다.

3단계 투자까지 실행했다면 10년 내에 5억 이상 종잣돈 모으기를 실행할 가능성이 높은데요. 이렇게 계획을 세우고 투자를 한다면 목표한 수익을 완성할 수 있습니다. 이때 중요한 점은 첫째, 뚜렷한 목적을 세우기와 둘째, 적극적인 실행력을 꼽을 수 있습니다.

돈을 모으려는 목적이 없이 막연하게 '부자가 되고 싶다'는 생각으로 투자를 하면 돈이 제대로 모이기 어렵습니다. 세상의 모든 부자는 뚜렷한 목표 의식으로 부를 축적했습니다. 그 목표가 거창하지 않아도 괜찮습니다. 뒤늦게 공부를 하기 위한 학자금 마련일 수도 있고, 내 집 마련을 위한 방법일 수 있죠. 사람마다 돈을 모으는 목표가 다르기 때문에 정답이 있을 수는 없습니다. 분명한 것은 목표에 따른 정확한 금액을 정하고, 그 금액을 달성하기 위한 계획을 세우는 것이죠.

이렇게 명확한 투자 목표가 있는 경우, 망설임 없는 실천을 하게 됩니다. 투자에 있어서 가장 큰 장벽은 바로 실행력입니다. 아무리 좋은 계획이 있어도 그것을 실행할 의지가 없다면 무용지물이겠죠. 고객분 중에서도 "언제 투자를 해야 할지 모르겠다"고 망설이는 분들이 많습니다.

그럴 때마다 저는 투자하기 좋은 때는 바로 지금, 이라고 설명해 줍니다. 어떤 분은 '주식이 조금 더 떨어지면 사겠다'거나 '경기가 좋아지면 투자하겠다'고 말씀하시기도 하는데요. 투자에 경험이 많은 사람은 이 판단을 정확히 할 수 있겠지만, 보통 이 시기를 정확하게 짚어내는 것은 투자 고수라도 불가능합니다.

만약 정확한 투자 방향성을 갖고 있다면 장기적으로는 투자수익률이 우상향한다는 점을 알고 오늘부터 바로 투자를 실행할 수 있을 것입니다. 투자는 장기적인 게임입니다. 만약 1~2년 내 수익을 생각한다면, 투자

시점을 저울질하면서 예상 수익률을 예측해 볼 수 있겠지만 10년을 내다보고 하는 장기적 투자의 경우는 언제가 투자의 최적의 시기인지보다는 시장 상황에 관계없이 꾸준히 투자할 수 있는 실천이 더 중요하다고 볼 수 있습니다.

3장
절세로 나가는 돈 막기

아무리 돈을 잘 벌고, 잘 모아도
새는 돈을 막지 못하면 부자가 될 수 없죠.
재테크에서 새는 돈이란 비단 지출에만
해당하는 것은 아닙니다. 많은 분이 세금 때문에
재테크가 어렵다, 라고 하는 이유이기도 하죠.
이번 장에서는 그래서 '절세'를 통해 새는 돈을
막는 방법을 알려 드리도록 하겠습니다.
또한 3장을 읽고 놓친 절세 포인트를 찾으셨다면
매년 5월부터 가능한 경정청구로
꼭 세금을 돌려받으시기 바랍니다.

1.
합법적 절세
나도 할 수 있을까

5월, 하면 여러분은 어떤 게 떠오르세요?

계절의 여왕, 여행 가기 좋은 달…. 이라고 보통 생각하시겠지만 세금에 조금이라도 관심 있는 분은 아, 소득세 내는 달이죠, 하고 말씀하실 겁니다.

우리나라에서 살면서 근로소득이 발생하는 인구는 2018년 기준으로 약 1,850만 명에 달하는데요. 쉽게 말해 이 정도 인구가 회사에서 월급을 받고 있기 때문에 대부분의 사람이 소득세 대상이 됩니다.

그런데 소득세는 사업자와 근로자가 약간 차이가 있다는 것 알고 계신가요?

사업자는 매년 5월 소득을 신고하고 소득세를 납부하지만, 근로자의 경우 사업주로부터 먼저 세금을 원천징수를 한 후 급여를 받게 되는데요. 1년 동안 세금을 미리 공제하고 급여를 받은 뒤, 다음 해 1월에 세금을 더 냈는지 혹은 덜 냈는지 계산해 보고 더 냈다면 돌려받고, 덜 냈으면 추가로 납부를 하는 '연말정산'을 하게 됩니다.

홈텍스로 연말정산 서류를 지원받고 있지만 세법이 다소 어려워 공제 항목을 놓치는 경우가 종종 있다고 생각하여 관련 내용을 상세하게 말씀드려 보겠습니다.

책을 다 읽고 놓친 공제를 찾았다면 매년 5월 이후부터 가능한 경정청구를 통하여 꼭 세금을 돌려받으시기 바랍니다. 경정청구는 과거 5년까지 청구 가능하답니다. 또한 근로소득 이외의 소득이 추가로 발생했다면 사업자와 함께 매년 5월 종합소득을 신고하고 세금을 납부하는 것도 챙기셔야겠지요?

근로자의 결정세액 계산 방법은?

만약 1년 동안 급여 외의 추가 소득이 발생하지 않았다면, 다음과 같이 세액이 계산되는데요. 비과세 소득을 제외한 총급여액에서 각종 소득공제를 하게 되면 종합소득 과세표준이 계산됩니다. 이 과세 표준에 해당하는 세율을 적용하면 산출세액이 계산되고요. 여기에 각종 세액공제를 한 번 더 해 주게 되면 납부해야 하는 세금이 결정됩니다. 이를 결정세액이라고 부릅니다.

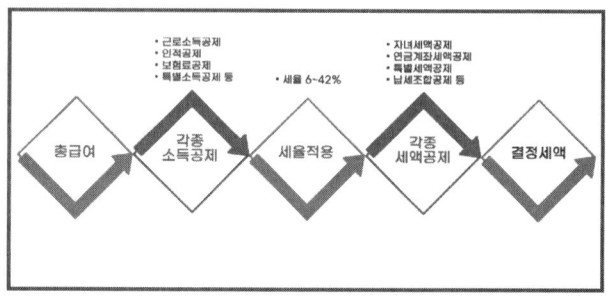

말씀드린 바와 같이, 공제 항목은 크게 소득공제와 세액공제로 나뉘는데요. 월급이 많을수록 소득공제가 유리하고 월급이 적은 편이라면 세액공제가 더 유리합니다. 왜냐하면 소득공제의 경우는 총급여에서 차감되는 공제인 반면에, 세액공제는 결정된 세금에서 차감되는 방식이기 때문입니다.

예를 들어서 연금저축이라는 세액공제 항목을 볼까요? 이 항목은 과거에는 소득공제 항목이었는데요. 만약 연금저축에 300만 원을 입금한 경우, 과거에는 300만 원을 소득에서 공제해 주었던 반면에, 현재는 세액공제 항목으로 변경되어 입금 금액의 약 12%만큼만 세액에서 공제가 됩니다. 300만 원을 입금했다면 세액공제 금액은 36만 원이 되는 것이죠.

만약 세율을 35%로 적용받는 연소득이 1억 원인 근로자의 경우는, 과거의 소득공제는 105만 원을 절약할 수 있었는데요. 세액공제 변경 이후에는 36만 원으로 절세할 수 있는 금액이 줄어들었습니다. 반면 적용 세율이 6%인 근로자의 경우는, 300만 원 입금을 가정했을 때 소득공제는 18만 원, 세액공제는 36만 원의 절세가 가능합니다. 그래서 월급이 많을수록 소득공제가 유리하고 적을수록 세액공제가 유리합니다.

직장인들은 연말정산을 통해 이런 공제를 챙기게 되는데요. 앞서 말씀드린 바와 같이 요즘은 홈택스를 통해 편리하게 자료를 제공받을 수 있지만 개인이 꼼꼼하게 확인하지 않으면 여전히 누락되는 공제 항목이 많습니다. 실제로 연말정산 투입기간은 1~2주로 짧게 주어지는 경우가 많으며 대부분의 직장인은 바쁜 업무로 홈택스에만 의존하는 것이 현실이기 때문입니다.

치매, 암 등의 중증 지병에 있음에도 불구하고 장애인 인적공제를 누락하는 경우도 있고 어머니, 형제자매 등 기본공제 대상자가 지출한 교육비, 의료비 등을 누락하는 경우도 많이 있답니다. 교육비, 의료비 등은 나이 제한이 없는 공제 항목인데 인적공제를 안 받은 경우 공제 가능한지 모르고 있는 경우가 있기 때문이죠.

이와 같이 개인적인 생각으로는 연말정산 계산 방법이 복잡하고 항목도 많아서 공제 항목을 놓칠 수도 있다고 생각합니다. 그래서 연말정산 대상에 해당하는 고객분들을 만날 때마다 "놓치는 연말정산 공제 항목이 있는지 꼼꼼하게 확인해야 한다"고 누누이 말씀드리곤 하죠.

만약 월급 외 부업이나 투자, 사업 등을 통해 추가 소득이 발생했으면 종합소득 신고를 해야 합니다. 투자, 사업 등의 소득은 근로소득과 합산하여 종합소득이 되며 과세표준 세율에 따라서 다시 세금을 계산하게 됩니다.

과세 표준이 높아질수록 세율은 높아지는데요. 기존 근로소득에 투자소득, 사업소득 등이 더해지면 생각보다 많은 세금을 더 낼 수도 있습니다. 그러니 사전에 미리 계산하여 소득 귀속연도 등을 준비하는 것은 매우 중요합니다.

연말정산 계산 과정은 어떻게 될까?

직장인이 왜 종합소득이 나와요? 저는 따로 번 돈이 없는데요?

간혹 저에게 상담요청을 했던 직장인분 중 이렇게 하소연하는 분들이 많았었습니다. 5월 소득세 납부하는 시기에 '종합소득세'가 나왔는데 이건 사업자만 나오는 걸로 알고 있었다가 깜짝 놀란 거죠.

그런데 종합소득은 직장인도 나올 수 있습니다. 예를 들어 부업이나 사업, 다른 사업체에 잠깐 동안 일을 해주고 월급으로 받은 돈(근로소득) 모두가 나에게는 소득으로 잡히기 때문이죠.

일단 우리가 직장에서 받는 급여의 개념 및 연말정산 계산 방법부터 짚고 넘어가 볼까요?

개념을 설명하기 전에 드리고 싶은 말씀이 있습니다. **'3장. 절세로 나가는 돈 막기'**에서는 복잡한 연말정산 기준을 최대한 간결하고 이해하기 쉽게 정리하여 전달하고자 노력하였습니다. 그렇지만 다소 지루하실 수 있으니 한 번에 읽기보다는 옆에 두시고 궁금한 사항이 생길 때마다 펼쳐 보시는 것도 좋은 방법이 될 것이라고 생각합니다.

우선 총급여액이라는 개념이 있습니다. 이는 수령한 급여에 상여금을 더하고 비과세 소득을 차감하면 계산이 됩니다. 이러한 비과세 소득은 총 여덟 가지가 있는데요. 종류를 정리하면, 다음과 같습니다.

- 자기 차량 운전보조금(월 20만 원 이내), 연구보조비 (월 20만 원 이내), 회사에서 지급받는 여비
- 비과세 학자금, 근로장학금
- 생산직 근로자의 연장근로 급여(연 240만 원 이내)
- 현물 식사 또는 월 10만 원 이하 식사대금

- 출산수당 또는 6세 이하 자녀 보육수당(월 10만 원 이내)
- 육아휴직 급여 및 출산 전후 휴가 급여
- 연 500만 원 이하의 직무발명 보상금
- 국외근로소득(월 100만 원 & 300만 원 이내)

소득공제의 총급여 조건이 있는 경우는 이 총급여액이라는 개념을 기준 소득으로 봅니다. 우리나라 근로소득세는 총급여가 적을수록 감면 혜택이 크기 때문에 총급여에서 차감되는 위 비과세 항목을 꼼꼼히 챙겨야만 절세 혜택을 볼 수 있습니다.

총급여액이 결정되면 이후 각종 소득공제를 할 차례인데요. 소득공제에도 순서가 있다는 것 꼭 기억하시기 바랍니다.

✓ 근로소득공제
근로소득공제를 한 이후의 소득은 '근로소득금액'이라고 합니다.

근로소득공제는 2,000만 원 한도로 소득 구간별로 구분되어 있는데요. 소득이 적을수록 공제 비율이 높은 특징이 있죠. 공제 비율은 아래와 같습니다.

- 500만 원 이하: 총급여액의 70%
- 500만 원 초과 1,500만 원 이하: 350만 원 + 500만 원 초과액의 40%
- 1,500만 원 초과 4,500만 원 이하 : 1,200만 원 + 4,500만 원 초과액의 5%
- 4,500만 원 초과 1억 원 이하 : 1,200만 원 + 4,500만 원 초과액의 5%
- 1억 원 초과 : 1,475만 원 + 1억 원 초과액의 2%

근로소득공제가 끝났으면 그 외에 인적공제, 연금보험료공제, 특별소득공제 등의 소득공제를 합니다. 다만, 특별소득공제와 기타소득공제는 합산 2,500만 원까지만 가능하다는 점 참고 부탁드려요.

그다음 총급여에서 각종 소득공제를 한 뒤 적용되는 세율 기준이 바로 '과세표준'입니다. 이러한 과세 표준별로 아래와 같은 세율이 적용됩니다.

- 1,200만 원 이하 : 6%

- 1,200만 원 초과 4,600만 원 이하 : 15%(누진공제액 108만 원)
- 4,600만 원 초과 8,800만 원 이하 : 24%(누진공제액 522만 원)
- 8,800만 원 초과 1억 5,000만 원 이하 : 35%(누진공제액 1,490만 원)
- 1억 5,000만 원 초과 3억 원 이하: 38%(누진공제액 1,940만 원)
- 3억 원 초과 5억 원 이하: 40%(누진공제액 2,540만 원)
- 5억 원 초과 10억 원 이하: 42%(누진공제액 3,540만 원)
- 10억 원 초과: 45%(누진공제액 6,540만 원)

이렇게 정리하고 보니 세율이 참 높지요? 다행인 건 이렇게 산출된 세액이 아래 항목이 해당되면 세액공제를 한 번 더 받을 수 있다는 것입니다.

- 중소기업 취업자 소득세 감면
- 근로소득세액공제
- 자녀세액공제
- 연금계좌세액공제
- 특별세액공제(보험료, 의료비, 교육비, 기부금)

- 표준세액공제, 납세조합세액공제, 외국납부세액공제
- 주택자금차입금 이자세액공제, 월세 세액공제

거의 다 왔습니다. 산출세액이 나왔으면 위와 같이 세액공제까지 하면 이제 드디어 결정세액이 나옵니다.

이때 계산된 결정세액이 A이고, 기납부세액은 B라고 했을 때, 추징 vs 환급 여부는 다음과 같습니다.

A 〉B이면 연말정산 시 세금 추징, 결정세액이 기납부세액보다 크면 더 납부해야겠지요.
B 〉A이면 연말정산 시 세금 환급, 결정세액이 기납부세액보다 적으면 돌려받게 되고요.

근로자는 매년 1월 연말정산을 하여 2월에 추징 또는 환급을 하게 되는데요. 연말정산을 얼마나 준비했는지에 따라 결과가 많이 달라지곤 한답니다. 현명하게 준비한 근로자는 13월의 보너스를 받게 되는 거죠. 그러나 추징을 당했다고 해서 슬퍼하지 마세요. 책을 읽고 소득공제나 세액공제를 누락한 항목을 찾았다면 경정청구 제도를 통하여 돌려받을 수 있기 때문입니다. 과거 5년

치까지 청구할 수 있으니 참고해 주세요.

 어떠신가요. 연말정산 계산 방법이 복잡해서 놀라셨죠? 복잡한 만큼 절세를 위해서 공부하면 할수록 돈을 아낄 수 있는 포인트가 많으니, 합법적 절세를 위하여 다음 장도 꼼꼼히 읽어 보세요.

2.
누구나 쉽게 실천할 수 있는
세테크의 시작

저는 자산관리 업무를 하면서 다양한 업종의 고객분들을 만났습니다. 그중에서는 이미 부동산을 여러 채 가지고 있거나 보유 주식 수가 상당한 자산가도 있고, 재테크를 아예 몰랐던 평범한 직장인도 있죠. 그런데 자본주의 사회에서 살아가려면 이제 재테크 지식은 생존을 위한 필수가 되었습니다. 집값은 천정부지로 솟고, 평균 생활비는 점점 늘어만 가고, 버는 돈은 한계가 있다면 누구나 미래가 불안해질 수밖에 없겠죠?

재테크, 하면 어렵게 생각하시는데 사실, 재테크의 원리는 단순합니다.

아끼고, 모아서, 불린다는 것이죠.

현재 돈이 많든 적든, 자산가든 아니든 돈이 모이는 사람들의 특징은 소비를 절제한다는 것입니다. 참 아이러니하죠? 부자들은 돈을 버는 만큼 더 잘 쓸 것 같지만, 제가 만나본 자산가들은 하나같이 절약의 달인들이었습니다. 돈을 쓰기는 쓰되 꼭 필요한 곳에 얼마를 써야 적정 소비인지를 정확히 아는 분들이었죠.

자산가 고객분들과 가끔 식사를 할 일이 있으면 넌지시 이렇게 물어봅니다.
"어떻게 큰 부를 모으셨어요?"
그러면 한결같은 대답이 이렇게 돌아옵니다.
"돈을 함부로 쓰지 않아야 합니다."

돈을 잘 벌고, 투자를 잘하는 것은 그다음이라는 것입니다. 먼저 중요한 것은 '돈을 꼭 써야 할 곳에 쓰고, 불필요한 소비는 하지 않는다'였어요.

저 역시도 재테크의 시작은 아끼는 것이라고 생각합니다. 여기서 아낀다는 뜻은 소비를 현명하게 한다는 뜻도 있겠지만, 새는 돈을 막는 것도 그에 못지않게 중요합니다. 예를 들어 세금을 합법적으로 줄이는 세테크인데요. 직장인이라면 소득공제를 현명하게 준비하는 것이 여기에 속합니다. 세금은 누구나 소득 활동이 있는 한평생 내야 하기 때문에 세테크를 현명하게 한다면 많은 돈을 절약할 수 있겠지요?

기본공제 대상자, 연말정산의 시작

절세, 하면 직장인들이 가장 먼저 떠올리는 건 무엇일까요? 아마도 매년 연초마다 이뤄지는 연말정산이 아닐까 해요. 13월의 월급이라고 할 만큼, 적지 않은 돈을 돌려받을 수 있는 기회인데요.

한 해 동안 고생한 만큼, 월급이나 성과급으로 보상받으면 참 좋겠지만 아쉽게도 모두가 그런 혜택을 받지는 못하죠. 그래서 더더욱, 연말정산이 기다려지는 게 아닐까 싶습니다.

이제는 연말정산이 뭔지 모르는 분들은 거의 없을 만큼 그 혜택이 대중화되었지만, 연말정산도 다 같은 연말정산이 아니라는 사실 알고 계신가요?

연말정산에서 중요한 것은 기본공제입니다. 연말정산이라는 것은 소득세의 일부를 돌려받을 수 있는 개념이

기도 한데요. 이때 돌려받는 돈의 범위를 결정하는 중요한 요소가 바로 '기본공제'이기 때문입니다.

소득공제 중 큰 부분을 차지하는 인적공제는 기본공제 대상자 중에서 일정 요건을 충족한 경우 가능한데요. 기본공제 대상자는 따로 정해져 있습니다. 바로 본인, 배우자, 본인 또는 배우자의 직계존비속, 본인 또는 배우자의 형제자매, 위탁아동, 기초생활수급자, 장애인 직계비속의 장애인 배우자가 그 대상자입니다. 그러면 인적공제 요건을 한번 살펴볼까요.

① **본인 공제**: 무조건 공제
② **배우자 공제**: 종합소득 100만 원 이하 또는 근로소득만 500만 원 이하 소득 요건(이하 소득 요건) 충족, 별거 허용
③ **직계존속 공제**: 만 60세 이상(나이 요건), 소득 요건 충족, 별거 허용
④ **직계비속, 입양자 공제**: 만 20세 이하(나이 요건), 소득 요건 충족, 별거 허용
⑤ **형제자매**: 만 20세 이하 & 만 60세 이상(나이 요건), 소득 요건 충족, 동거 필수(일시 퇴거만 허용)
⑥ **위탁아동**: 소득 요건 충족

⑦ **기초생활수급자**: 소득 요건 충족, 동거 필수(일시 퇴거만 허용)
⑧ **장애인 직계비속의 장애인 배우자**: 소득 요건 충족

어쩐지 해당이 될 듯 안 될 듯 알쏭달쏭하죠? 소득 요건과 나이 요건은 인적공제 대상자를 구분하는 중요한 요건이랍니다. 언급한 조건 중 하나라도 해당이 된다면 연말정산 공제에서 인적공제를 받을 수 있는 점 기억해 두시기 바랍니다. 단, 당연하게도 다른 근로자와 인적공제를 이중으로 받을 수는 없답니다.

소득은 인적공제 대상의 중요기준

제가 이렇게 강조하는 이유는 실제 제 주변 사례를 보면 소득 요건 기준을 잘못 알고 인적공제 신청을 누락하는 경우가 많기 때문이에요. 참고로 인적공제를 받으려면 연간 소득금액에 제한이 있어요.

위 열거한 대상자의 인적공제와 더불어 신용카드, 자녀세액공제, 보장성보험료, 교육비, 기부금 등의 항목

공제를 받으려면 기본공제 대상자의 연간 소득금액은 100만 원 이하여야 합니다. 근로소득만 있는 경우에는 총급여가 500만 원 이하여야 해요.

여기에서 "아, 월급이 연간 100만 원이 넘으면 안 되는 거구나" 이렇게 생각하시는 분들이 계실 것 같네요. 웬만한 분들은 월급이 1년에 100만 원이 넘는 게 당연한 만큼, 여기서 말하는 소득 개념은 월급만의 개념은 아닙니다. 이러한 소득의 종류에는 양도소득, 퇴직소득, 사업소득, 기타소득, 연금소득, 금융소득, 근로소득 등이 포함됩니다.

각각의 소득이 어떤 것인지 조금 더 자세히 말씀드려 볼게요.

1) 양도소득

양도소득은 말 그대로 어떤 부동산이나 자산을 다른 사람에게 넘겨받고서 얻은 수익이죠. 살고 있는 집을 팔았는데 집을 샀을 때보다 집값이 올라서 팔 때 조금이라도 차익을 얻었다면 이는 양도소득에 해당합니다. 해외주식의 경우도 샀을 때보다 팔 때 주가가 상승하여 차익실

현이 되었다면, 이 또한 양도소득이라고 할 수 있습니다.

양도소득금액은 양도가액에서 취득가액을 차감하고, 여기에 필요경비를 제외한 금액으로 계산되는데요. 장기보유특별공제까지 받게 되면 소득금액이 조금 더 줄어들 수 있습니다. 이렇게 산출된 소득이 1년에 100만 원이 넘으면 기본공제를 받을 수 없습니다.

2) 퇴직소득
만약 회사를 퇴사하게 되어 퇴직급여를 받게 되면 이 또한 소득으로 봅니다. 보통 퇴직금이 여기에 해당하는데요. 이 금액이 100만 원이 넘었다면 이 또한 기본공제를 받을 수 없게 됩니다.

3) 사업소득
사업소득은 사업으로 번 소득을 말하며 총수입금액에서 필요경비를 제외하고 남은 돈이 100만 원을 넘으면 기본공제가 되지 않는 점 기억하세요.

4) 기타소득
이외에도 투자나 부업, 사업이 아닌 다른 일로 인해

돈을 벌었다면 이는 기타소득에 해당합니다. 이러한 기타소득도 총수입금액에서 필요경비를 빼고 남은 금액을 기타소득금액으로 보는데요. 기타소득금액이 300만 원 이하인 경우는 종합소득신고를 안 해도 됩니다. 신고를 안 한다면 기본공제는 가능하겠죠.

5) 연금소득

여기서 말하는 연금은 공적연금, 사적연금인데요. 공적연금은 국민연금을 뜻하며 사적연금은 개인이 추가로 준비한 연금저축 등을 말하는 것입니다. 공적연금 수령액은 연 516만 6,666원(연금소득금액 100만 원)을 초과하는 경우, 사적연금은 총 수령액이 1,200만 원을 초과(종합소득 합산 대상)한다면 기본공제 대상에서 제외됩니다.

6) 금융소득

금융소득은 주식 같은 금융상품 투자를 통해 번 돈을 뜻합니다. 이 돈이 연간 2,000만 원을 초과(종합소득 합산 대상)한다면 기본공제가 되지 않습니다.

7) 근로소득

근로소득이 연간 500만 원을 초과한다면 기본공제 대상자에서 제외됩니다.

생각보다 소득의 종류가 참 많죠? 위 소득 중에서 양도소득과 퇴직소득을 뺀 나머지 소득은 모두 종합소득으로 합산 신고를 한다는 점도 참고해 두세요.

정리하면 양도소득, 퇴직소득, 종합소득 금액을 모두 합했을 때 100만 원을 넘으면 인적공제가 되지 않는다, 라고 보시면 되겠습니다. 여기서 한 가지 덧붙여 둘 것은 2,000만 원 미만의 금융소득과 일정 기준 이하의 연금소득은 종합소득에서는 제외됩니다.

자세하게 알아보는 추가공제

이번에는 추가공제에 대해 알아볼까요? 인적공제는 소득세 중에서 배우자나 부양가족, 장애인에 대해 일정 요건을 충족하면 과세표준에서 덜어 주는 부분을 뜻합니다. 연말정산을 할 때 본인과 가족에 대해 공제해 주는 항목이라고 보면 되는데 인적공제는 크게 보면 기본공제, 추가공제, 특별공제 등으로 나뉩니다.

기본공제는 근로자 본인 및 배우자를 포함해 가족 기본공제 대상자 1인당 150만 원 정도의 금액을 공제해 주는 것을 의미합니다. 여기서 추가공제가 되는 경우가 생길 수 있는데요. 크게 네 가지로 정리해 볼 수 있습니다.

✓ 경로우대자 공제
인적공제 대상자가 70세 이상인 경우 100만 원을 추가로 공제받을 수 있습니다.

✓ 장애인 공제
일반적으로 장애인 공제는 '장애인복지법'에 해당하는 사람만 해당되는 것으로 알고 계실 텐데요. 소득공제 분야에서는 장애인의 범위가 조금 더 넓습니다. 법에 따른 장애인을 포함해 국가유공자(5·18민주화운동 부상자, 고엽제후유증 환자), 항시 치료를 요하는 중증 환자도 혜택을 받을 수 있습니다.

항시 치료라는 말이 좀 어렵죠? 여기서 말하는 항시

치료는 지병으로 인해 평상시 병원 통원을 하면서 치료를 계속 받아야 하고, 취학이나 취업이 곤란한 상태에 있는 사람을 뜻합니다.

장애인 증명서를 발급받았던 지병의 예는 다음과 같습니다.

심근경색, 고혈압, 암, 폐 사르코이드증, 파킨슨병, 모야모야병, 류머티즘성관절염, 쿠싱증후군, 베체트병, 루프스병, 양극성 장애, 중증근무력증, 세포 림프종, 크론병, 다발성골수종 등

일단 위 목록에 해당하는 질병으로 이하여 중증인 상태라면 세법상으로는 장애인에 해당하는 것이죠. 여기서 기본공제 대상자가 항시 치료를 요하는 상황인지의 판단은 의사가 하는 것이며, 가능 여부를 확인하기 위하여 '장애인 증명서(소득세법 시행규칙 별지 제38호 서식)' 발급대상 여부를 의사에게 상담받아 보시면 됩니다. 위의 지병 목록에 없더라도 중증에 해당한다면 의사와 상담을 받아 보세요.

이때 장애인에 해당하면, 소득이 없을 때는 나이에 무관하고 인적공제 대상이 됩니다.

✔ 부녀자 공제

종합소득금액이 3,000만 원 이하인 경우에 아래 조건 중 하나에 해당하면 50만 원 공제가 가능합니다.

- 배우자가 있는 여성
- 과세기간 종료일(12월 31일) 기준 배우자가 없고, 기본공제 대상자인 부양가족이 있는 세대주

✔ 한 부모 공제

한 부모 공제는 부녀자 공제와는 중복될 수 없으며, 중복 사유에 해당하는 경우는 한 부모 공제가 우선합니다. 배우자가 없는 근로자이면서 직계비속이나 입양자가 있는 경우에는 공제가 가능합니다.

만약에 과세를 하는 도중 배우자가 사망하면 어떻게 될까요? 이 경우 기본공제 대상자로 인적공제를 신청한 경우에는 중복될 수 없고, 인적공제가 우선인 점 참고로 기억해 두시기 바랍니다.

조금 더 쉽게 정리를 해 볼까요?

- 배우자 인적공제 & 한 부모 추가 공제 = 중복공제 불가능 (인적공제 우선)
- 한 부모 추가 공제 & 부녀자 공제 = 중복공제 불가능(한 부모 추가 공제 우선)
- 배우자 인적공제 & 부녀자 공제 = 중복공제 가능

즉, 배우자 인적공제와 부녀자 공제는 중복으로 공제가 가능하지만 한 부모 추가 공제는 중복공제가 불가능합니다. 한 부모인 경우 인적공제가 우선하며 부녀자인 경우에는 한 부모 추가 공제가 우선합니다.

3.
항목별로 알아보는
연말정산 전략

 앞서 기본공제의 중요성에 대하여 말씀드렸는데요. 기본공제 대상자 중에는 소득 및 거주 요건 등에 따라 인적공제 가능 대상자가 있고, 불가능 대상자가 있습니다. 그런데 인적공제가 불가능한 대상자도 항목별 공제가 가능한 경우가 있기 때문에 '항목별로 꼼꼼하게 챙기는 것은 중요하다'라고 말씀드리고 싶네요.

 3장의 '3. 항목별로 알아보는 연말정산 전략'에서는 국세청에서 제공하는 연말정산 신고 안내에 설명되어 있는 항목별 내용을 이해하기 쉽게 정리해 보았습니다. 한 번에 읽기에는 다소 지루할 수 있으나 연말정산 시 놓칠 수 있는 포인트와 맞벌이 절세 노하우를 설명해 놓았으니 잘 이해가 안 되거나 궁금한 사항이 있을 때마다 꼭 읽어 보시기 바랍니다.

연말정산 항목별로 상세하게 챙기자

✔ 기부금 세액공제

기부금은 복지기관이나 비영리기관에 후원을 하기 위해 낸 돈을 말합니다. 1년 동안 낸 기부금 중에서 어느 정도의 금액을 연말정산 때 돌려받을 수 있을까요? 기부금 세액공제는 소득이 100만 원 이하인 기본공제 대상자가 기부를 했다면 공제 가능합니다. 이는 인적공제 요건인 나이 요건을 충족하지 않아도 가능하다는 이야기입니다. 예를 들어 기본공제 대상자이지만 나이 요건 때문에 기본공제를 받지 못하는 57세의 어머님이 종교단체에 기부했다면 공제 가능하다는 이야기이죠.

기부금은 총 네 가지로 나뉘는데요. 종류에 따라 공제한도와 공제율이 달라집니다. 기부금의 종류에 대해 조금 더 구체적으로 알아볼까요?

1) 정치자금기부금

특정 정당이나 정치단체에 기부한 돈을 뜻합니다. 공제한도는 근로소득금액의 100%입니다.

- 10만 원 이하 공제율: 약 90.9%(100/ 110)
- 10만 원 초과 공제율: 15%
- 3,000만 원 초과 공제율: 25%

2) 법정기부금

국가나 지방자치단체에 무상으로 기증하는 금품이 여기에 해당합니다. 예를 들어서 병원이나 학교에 교육비를 기부하거나 물품을 기부하는 등이 법정기부금에 해당하는 것이죠.

법정기부금의 공제한도는 근로소득에서 정치기부금을 제외한 금액의 100%입니다. 예를 들어 총급여가 3,000만 원인 근로자가 정치기부금으로 2,500만 원을 낸 경우, 법정기부금의 한도는 500만 원이 됩니다.

3) 우리사주조합기부금

이는 우리사주조합원이 아닌 사람이 우리사주조합에 지출하는 기부금을 뜻합니다.

우리사주조합기부금의 공제한도는 근로소득에서 정치기부금과 법정기부금을 제한 금액의 30%입니다. 총급여가 3,000만 원인 근로자가 법정기부금이나 정치기부금으로 2,000만 원을 지출했다면, 남은 1,000만 원의 30%인 300만 원이 한도가 됩니다.

4) 지정기부금

사회, 복지, 문화, 예술 등 공익성을 고려해 지출하는 기부금을 모두 뜻합니다.

지정기부금은 종교단체 기부금이 없는데요. 공제한도는 근로소득에서 정치기부금, 법정기부금, 우리사주조합기부금을 제외한 금액의 30%를 책정합니다. 지정기부금의 공제한도 계산법은 우리사주조합기부금과 같습니다.

종교단체기부금을 포함할 경우 한도 계산이 조금 더 복잡해지는데요. 아래 두 가지 공식을 더한 금액을 한도로 정합니다.

- (근로소득 − 정치 − 우리사주) × 10%
- 두 개 중 적은 금액 ① (근로소득 − 정치 − 법정 − 우리사주) × 20%, ② 종교단체 외 지급한 기부금

이때에 다른 기부가 없이 지정기부금으로 종교단체에만 기부를 한 경우 공제한도는 근로소득의 10%가 됩니다. 지금까지 살펴본 바로 보면 정치기부금을 제외하고는 나머지 세 가지 공제율이 모두 동일한 15%가 적용되는데요. 여기서 참고할 점은 세 가지 인정 기부금 한도를 합해서 1,000만 원을 초과한다면 초과분의 30%가 공제된다는 점입니다(단, 2021년도에 한하여 1,000만 원 이하는 20%, 1,000만 원 초과는 35% 적용).

그리고 한 가지 더 말씀드리면, 대부분은 기부를 금전으로 하시는데요. 만약 특별재난지역에서 자원봉사를 한 경우 '봉사일 수 × 5만 원'만큼 기부금으로 인정받을 수도 있다는 점, 참고 부탁드립니다.

✔ 교육비의 세액공제

자녀가 있는 가정이라면 교육비 지출도 만만치 않죠? 그런데 이런 교육비도 세액공제를 받을 수 있다는 것 알고 계셨나요? 놓치면 손해인 교육비 세액공제를 자세히 살펴보겠습니다.

교육비 세액공제는 본인이 지출한 교육비와 소득이

100만 원 이하인 기본공제 대상자(직계존속 제외)가 지출한 교육비가 해당됩니다. 교육비 기본공제 대상자는 소득 요건은 보지만 나이 요건은 보지 않습니다. 예를 들어 기본공제 대상자이지만 나이 요건 때문에 기본공제를 받지 못하는 22세 근로자의 동생이나 처남 교육비가 공제 가능하다는 것이죠.

교육비를 어디까지 봐야 하는지 많은 분이 궁금해합니다. 제가 정리해 드리자면, 자녀의 어린이집, 학원 또는 체육시설 교육비부터 시작해서 학교 수업료나 입학금, 보육비용, 수강료, 급식비 등 또한 공제대상으로 보시면 됩니다. 초중고에 다니는 자녀가 있다면 교과서 대금도 소득공제가 가능한 점 참고 부탁드려요.

생각보다 교육비 항목 범위가 넓죠? 그러나 여기서 끝이 아닙니다. 아래 추가 항목도 한번 체크해 보세요.

- 교복 구입비(중학교·고등학교 해당, 1명당 50만 원 한도)
- 방과 후 과정의 수업료, 도서구입비
- 현장학습비(초등학교·중학교 해당, 1명당 30만 원 한도)
- 국외 유학비

- 학자금 대출 상환액

위 교육비 항목 중에서 기본공제 대상자의 '국외 유학비' 같은 경우 공제 요건이 다소 복잡한데요. 기본공제 대상자의 고등학교, 대학교 교육비가 공제되는 경우는 교육법에 따른 학교만 해당이 됩니다. 반면, 유치원이나 초등학교, 중학교 교육비는 국외 유학 인증서와 부양의무자와 1년 이상 동거 요건을 맞춘 경우에만 가능하죠.

이런 조건이 충족되면 교육비의 15% 정도를 세금에서 공제받을 수 있습니다. 교육비 공제 대상자에 따라서 한도와 인정 교육비가 다르다는 점도 참고해 보세요.

교육비 공제와 관련하여 요약을 해 보면 다음과 같습니다.

1) 근로자 본인이 지출한 교육비
본인이 지출한 교육비는 공제한도가 없습니다. 금액 제한 없이 공제가 가능하다는 의미죠(대학원 및 직업능력 개발 훈련시설, 평생교육원 교육비도 가능).

2) 배우자, 직계비속, 형제자매 및 입양자가 지출한 교육비

본인 이외의 기본공제 대상자가 지출한 교육비는 학교에 따라 차등 공제한도가 적용됩니다.

- 취학 전, 초중고: 1명당 연 300만 원 한도
- 대학생: 1명당 연 900만 원 한도
- 대학원생: 공제 대상 아님

3) 장애인 특수교육비는 전액 가능

교육비 공제에 직계 존속은 제외되지만, 장애인 특수교육비만큼은 직계존속이 지출한 교육비도 포함됩니다.

한 가지 꼭 알아야 할 점은 장학금을 받은 교육비와 직계비속이 학자금 대출을 받아서 지급한 교육비는 공제 대상이 아니라는 점입니다. 또 대출을 받은 직계비속 본인이 직접 대출금을 상환할 때에는 직계비속 본인 공제가 가능한 점도 꼭 기억하세요.

만약 본인이 학자금 대출을 받은 경우, 세액공제는 가능하지만 대출 상환 시에는 공제받을 수 없다는 점 참고 부탁드립니다.

교육비 세액공제 요건도 다소 복잡하죠? 현재 연말정산 간소화 서비스로 증빙서류를 간편하게 조회할 수 있지만, 형제자매와 미취학 아동의 교육비처럼 조회가 안 되는 항목도 있으니 꼼꼼하게 챙겨서 세액공제를 챙기는 것이 필요합니다.

✔ 의료비의 세액공제

1년 동안 건강하게 지내서 병원을 한 번도 안 가면 좋겠지만, 사실 그러기가 쉽지 않죠? 감기로 주사를 맞거나 통증으로 간단한 물리치료를 받는 등 여러 가지 의료비가 드는 것이 현실입니다.

이러한 의료비 또한 세액공제가 되는 만큼 놓치지 말고 공제를 받아야겠죠?

앞서 살펴본 기부금과 교육비 세액공제는 기본공제 대상자의 나이 요건 안 보지만 소득 요건은 필수 충족 사항이었습니다. 이 두 항목별 공제와 의료비 세액공제의 가장 큰 차이점은 나이 요건은 물론 소득 요건도 안 본다는 점입니다.

개념이 조금 어렵지요? 제가 예를 한번 들어 볼게요. 기본공제를 받지 않은 소득이 3,000만 원인 배우자가 있다고 해 보죠. 이 경우 배우자가 의료비를 지출한 적이 있다면 본인이 의료비 공제를 받을 수도 있습니다.

의료비는 총급여액의 3%가 넘는 금액부터 공제가 가능해요. 그렇다면 배우자 둘 중 한 명에게 몰아주는 것이 더 효율적이겠죠? 그리고 한 가지 더 아셔야 하는 사항은 부모님이나 자녀가 다른 사람에게 기본공제를 이미 받았다면 의료비 공제는 본인이 받을 수 없다는 것입니다. 만약 자녀 공제를 배우자가 받았다면 자녀 의료비를 본인이 공제받을 수 없다는 뜻입니다.

정리를 해 보겠습니다.

배우자가 소득이 있더라도 배우자가 지출한 의료비는 내가 공제받을 수 있습니다. 그러나 다른 사람이 기본공제를 받은 직계존비속이나 형제 의료비는 공제를 받을 수 없습니다.

이때 세액공제한도는 총급여액의 3%가 넘는 의료비

를 쓴 경우, 의료비의 15~20%를 공제받을 수 있는데요. 지출을 어떻게 했느냐에 따라 계산법이 다르니 꼼꼼하게 따져 보세요.

1) 난임 시술비의 경우 공제한도 없이 의료비의 20% 공제 가능

총급여가 4,000만 원인 근로자가 난임 시술비로 200만 원을 지출한 경우, 총급여액의 3% 초과분의 20%인 16만 원 공제 가능합니다.

• (200만 원 − 총급여액 4,000만 원 × 3%) × 20% = 16만 원

2) 본인과 65세 이상, 장애인, 건강보험 산정특례자 대상 지출인 경우 공제한도 없이 의료비의 15% 공제 가능

총급여가 4,000만 원인 근로자가 부모님 의료비로 200만 원을 지출한 경우는, 총급여액의 3% 초과분의 15%인 12만 원 공제 가능합니다.

• (2백만 원 − 총급여액 4,000만 원 × 3%) × 15% = 12만 원

3) 그 외 부양가족 대상 의료비는 700만 원 한도로 15%까지 공제 가능

총급여가 4,000만 원인 근로자가 자녀 의료비로 1,000만 원을 지출한 경우, 총급여액의 3% 초과분(700만 원 한도)의 15%인 105만 원 공제 가능합니다.

- MIN(700만 원, (1,000만 원 - 총급여액 4,000만 원 × 3%)) × 15% = 105만 원

공제가 가능합니다.

세액공제를 받을 수 있는 의료비 지출액을 계산해 보면 총급여액의 3%를 초과한 경우, 다음 지출에 대한 영수증을 추가로 챙겨서 공제받는 것이 알뜰합니다.

- 안경 또는 콘택트렌즈 구입비용(기본공제 대상자 1명당 50만 원 한도)
- 보청기, 장애인 보장구 구입비용
- 의료기기 구입 또는 임차비용
- 산후조리비용(총급여 7,000만 원 이하 근로자, 출산 1회당 200만 원 한도)

✔ 월세액 세액공제

2021년은 집값이 많이 올랐습니다. 더불어서 전월세 가격이 올라 아직 내 집 마련을 못 한 분들은 월세 비용도 상당히 컸는데요. 한 해 동안 가장 아끼고 싶은 비용 1위는 월세라고 할 만큼 많은 분이 비중 있게 생각하는 지출 항목입니다.

그런데 이 월세 역시 세액공제를 받을 수 있다는 것 알고 계셨나요? 월세액의 세액공제 요건을 정리해 보자면 아래와 같습니다. 세 가지 모두 충족해야 한답니다.

① 총급여 7,000만 원 이하인 근로자(종합소득 6,000만 원 초과자 제외) 가능
② 주택을 소유하지 않은 세대주(기본공제 대상자의 월세액도 공제 가능) 또는 세대주가 월세액 세액공제 & 주택자금 소득공제를 받지 않은 세대의 근로자 세대원 가능

최근에는 1인 가구의 증가로 월세를 공동 부담하는 등 거주 요건이 복잡해졌기 때문이 잘 따져 봐야 하는데요. 만약에 직장 동료와 함께 월세를 공동으로 부담하고 있고, 본인이 세대원인 경우 세대주인 직장동료가 세액

공제 대상인지 여부에 따라 내 공제 여부도 결정됩니다.

③ 국민주택규모(전용면적 85m^2 이하) 또는 기준 시가 3억 원 이하인 주택의 월세액만 가능

여기서 많은 분이 궁금해하시는 것이 평수도 관계가 있는지, 기준 시가와 시세 중에서 어느 것을 기준으로 봐야 하는지입니다.

곧바로 답을 드리자면 평수가 넓어도 기준 시가 3억 원 이하면 가능하구요. 시세가 높더라도 국민주택규모라면 모두 대상자라는 점 기억해 주세요.

다만, 연간 월세액으로 지출한 금액을 기준으로 한 달에 62만 5,000원, 연간 최대 750만 원까지만 인정된다는 점 참고 부탁드리고요. 이렇게 인정된 금액이 있다면 해당 금액의 10~12%에 해당하는 세금이 공제 가능합니다.

여기에서도 주의해야 할 것이 총급여액이 5,500만 원을 초과할 경우에는 10%만 환급된다는 점도 기억해 주

세요. 즉 최대 공제한도는 750만 원이며 공제 세율은 총급여에 따라 10~12%라는 이야기입니다.

- 총급여액 5,500만 원 초과 7,000만 원 이하: 10%
- 총급여액 5,500만 원 이하: 12%

그런데 월세액 공제는 별도의 증빙 서류가 필요합니다. 아래 서류들을 잘 챙겨서 회사에 제출하는 것이 마지막 절차입니다.

- 준비서류: 주민등록등본, 임대차계약증서사본, 무통장입금증 등 월세 입금 입증 서류

다행히 월세액 세액공제는 다른 공제에 비해서 그리 복잡하지는 않은데요. 제가 이 얘기를 고객분들에게 해드리면 "월세도 공제가 되는 줄 처음 알았다"라는 반응이 대부분입니다. 그만큼 아직 많은 분이 모르는 부분이라는 뜻일 텐데요.

월세가 부담스러워 고민이셨던 분들에게 유용한 정보가 될 것 같네요.

✔ 신용카드의 세액공제

아마도 우리는 현대 사회를 살면서 신용카드 없는 삶은 상상할 수 없을 정도로, 이미 신용카드 소비에 익숙해진 삶을 살고 있습니다.

그만큼 많은 분이 일부라도 카드 결제를 통해 의식주를 소비하고 있는데요. 제 주변에는 생활비 전부를 오직 신용카드로만 결제하는 분도 계신 만큼, 이 부분에 대한 소득공제는 대상 금액도 크고 빈도가 높아서 아마 많은 분이 관심 갖고 계실 것 같습니다.

신용카드는 쓰기만 하면 소득공제를 무조건 받는 거라고 잘못 알고 계신 분들도 있는데요. 이번에는 이러한 신용카드 소득공제의 팩트를 짚어 보려고 합니다.

신용카드 소득공제는 기본적으로 본인과 기본공제 대상자 중에서 소득이 없는 배우자나, 직계존비속이 지출한 금액이 해당됩니다. 신용카드 공제 또한 나이 요건을 필요로 하지 않습니다. 그리고 사용금액 모두가 공제되는 건 아닌데요. 사용금액이 총급여액의 25%를 초과하는 경우에는 초과한 금액의 15~80% 해당하는 금액만 공제받을 수 있습니다.

공제한도는 이처럼 총급여액이 얼마인지에 따라 다릅니다. 세부적으로 정리해 볼까요?

① **총급여 7,000만 원 이하**: 총급여액 20%와 300만 원 중 적은 금액
② **총급여 7,000만 원 초과~1억 2,000만 원 이하**: 250만 원
③ **총급여액 1억 2,000만 원 초과**: 200만 원

우선 기본공제한도는 위와 같습니다. 다만 전통시장이나 대중교통 이용분에 대해서는 공제한도가 늘어나는데요. 도서·공연·미술관 등 사용분, 전통시장 사용분, 대중교통 사용분은 각 공제한도가 추가로 100만 원씩 늘어납니다. 단 도서·공연·미술관 등 사용분 한도는 총급여 7,000만 원 이하 근로자만 적용됩니다.

이 기준으로 놓고 봤을 때 최대 공제한도를 살펴볼까요?

① **총급여 7,000만 원 이하:** 총급여액 20%와 300만 원 중 적은 금액 + 공연/ 전통/ 대중 300만 원

② **총급여 7,000만 원 초과~1억 2,000만 원 이하:** 250만 원 + 전통/ 대중 200만 원

③ **총급여액 1억 2,000만 원 초과:** 200만 원 중 + 전통/ 대중 200만 원

주의하실 점이 또 있습니다. 바로 공제 비율인데요. 신용카드 사용처에 따라 다른데 그 비율을 정리해 보겠습니다.

- 전통시장 사용분: 40%
- 대중교통 이용분: 40%
- 도서·공연·박물관·미술관 사용분: 30%(총급여 7,000만 원 이하 해당)
- 현금영수증, 직불 선불카드 사용분 30%
- 위 금액 제외한 신용카드 사용분 15%

2021년 신용카드 공제대상 소비금액이 2020년 대비 5%를 초과하여 증가했다면, 증가한 금액의 10%를 추가로 소득공제 받을 수 있다는 점도 기억해 주시기 바랍니다. 이때 한도는 100만 원입니다.

만약 총급여액이 4,000만 원인 경우라면, '(신용카드로 사용한 금액의 15%, 최대 300만 원) + (전통/ 대중/ 도서·공연 등의 30~40%, 최대 300만 원) + (소득공제 증가분 최대 100만 원)'이 한도라는 점 참고 부탁드립니다.

이 정도 한도 금액은 대략 얼마나 카드를 써야 할까요? 카드는 2,200만 원, 전통/ 대중/ 도서·공연은 750만 원(40%로 계산)을 사용했을 때 나오게 됩니다. 최대로 받기 위한 사용금액이 좀 많네요. 부자가 되기 위해서는 아끼고 모아서 불려야 하기 때문에 계획적인 지출이 먼저입니다.

또 하나 말씀드릴 내용은 신용카드로 의료비나 보험료, 교육비 등의 특별공제 항목을 지출하는 경우의 중복공제 가능 여부인데요. 의료비나 취학 전 아동 학원비, 교복 구입비는 신용카드 공제와 중복공제가 가능하고, 보장성 보험료나 기부금은 중복공제가 안 된다는 점도 참고해 주세요.

아마 신용카드 소득공제는 홈택스를 통해 항목이 자

동으로 계산되기 때문에 이를 누락하거나 놓치는 일은 많지 않은 것 같습니다. 신용카드 소득공제 항목을 챙기는 것 이전에 적정 금액을 지출하는 것이 더 중요할 것 같습니다.

✔ 주택청약 공제

연말정산의 공제를 통한 절세의 세계는 참 오묘하다는 생각이 듭니다. 내가 내는 돈 중에서 공제가 되는 항목이 정해져 있고, '이런 것도 공제가 되나' 싶은 항목에서 공제가 되기도 하니까요. 이런 특성 때문에 공제를 따로 알아보지 않은 분들은 공제 항목 중 많은 부분을 놓칠 수 있습니다.

대표적으로 주택청약 금액도 이런 부분인데요. 주택청약종합저축이 소득공제가 된다는 것을 모르셨던 분들 많을 거예요. 2015년 9월 1일부터 기존 청약저축과 청약예금, 청약부금이 주택청약종합저축으로 통합되었죠. 그러면 어떤 경우 공제가 되는 걸까요? 통합 전에 청약저축에 가입되어 있는 분들은 공제가 가능합니다.

이 경우 연말정산 해당 연도에 주택청약종합저축(청

약저축)에 납입한 금액의 40%까지 공제가 가능한데요. 납입금액은 240만 원을 최대로 보고, 240만 원 이상 납입한 경우 최대 96만 원까지 공제가 가능합니다.

특징은 주택청약종합저축 소득공제의 경우 주택임차 차입금 원리금 상환 공제액과 합해서 300만 원을 초과할 수 없다는 점 참고로 기억해 주세요.

이번에는 소득공제 요건에 대해 알아보겠습니다.

1) 무주택 세대의 세대주만 공제 가능
청약저축에 대한 공제이니 어쩌면 당연한 부분이겠죠. 참고로 보실 부분은 만약 2009년 12월 31일 전에 가입한 청약저축으로 소득공제를 받는 경우, '가입 당시 기준 시가 3억 이하의 주택' 한 채만 소유했거나 '같은 요건'으로 한 채를 새로 취득한 경우도 가능합니다.

2) 본인 명의로 납입 및 총급여액이 7,000만 원 이하 근로자만 가능
소득공제를 받으려면 금융기관에 '무주택 확인서'를 다음 연도 2월 말까지는 제출해야 합니다. 또한 소득공제를 받은 뒤 5년 안에 해지를 하면 저축 불입액의 6%를 해지 가산세로 납부해야 하니 5년 안에는 웬만하면 해지를 하지 않는 게 좋겠네요.

만약 소득공제를 받은 근로자가 5년 안에 해지를 하면 해지가산세를 납부한다고 말씀드렸는데 이보다 중요한 포인트가 있어요. 바로 가산세를 내면서 청약 가점이 제로화된다는 것입니다. 만약 급전이 필요해서 해지를 해야 하는 경우는, 해지보다는 청약 담보대출을 알아보는 게 나을 수 있죠.

✔ 주택자금 소득공제
내 집 마련은 대부분의 사람들이 살면서 중요하게 여기는 저축 부분입니다. 주택은 구입비용이 높기 때문에 소득의 상당 부분을 저축하거나 대출을 받음으로써 미래의 계획으로 실현하게 되는데요. 이렇게 주택자금으로 대출을 받은 금액의 일부는 공제가 될 수 있습니다.

주택자금 소득공제는 종류가 두 가지입니다. 먼저 주택을 소유하지 않은 세대주가 전세나 월세 보증금을 대출을 받은 경우 원리금 상환액의 40%를 공제해 주는 주택임차차입금 공제가 있습니다.

이는 집을 갖고 있지 않는 경우에 전세나 월세 보증금 대출의 원리금 상환액을 공제받을 수 있다는 뜻입니다.

이 부분의 공제를 알뜰하게 받으려면 반드시 체크해야 할 포인트가 몇 가지 있는데요. 제가 아래와 같이 정리해 보았습니다.

1) 주택임차차입금 소득공제는 세대주만 가능
세대주가 주택 마련 저축이나 장기주택 담보대출 공제를 받지 않은 경우라면 세대원도 가능합니다.

2) 주택법에 따른 국민주택규모(주거용 오피스텔 포함)의 주택을 임차하는 대출

3) 은행 또는 거주자로부터 받은 전월세 보증금 대출
은행(신협, 마을금고, 여신 전문 회사 등) 또는 거주자로부터 차입한 자금을 뜻합니다.

4) 은행에서 대출을 받는 경우 연소득 무관하게 가능
다만, 입주일과 주민등록등본의 전입일 중에서 빠른

날부터 3개월 이내에 차입한 대출이어야 하며, 차입금이 임대인 계좌로 직접 입금되어야 공제가 가능합니다. 이 부분은 대출 시 은행에서 챙기는 부분이니 참고로 알아 두시기 바랍니다.

5) 총급여액 5,000만 원 이하의 근로자인 경우, 은행이 아닌 거주자로부터 차입한 자금도 공제 가능

입주나 등본 전입일 중에서 빠른 날로부터 1개월 이내에 차입한 자금이 대상인데요. 대출이율이 1.8% 이상이면 인정 가능합니다. 또한 임대차계약증서, 금전소비대차 계약서, 계좌이체 영수증 등 원리금 상환증명 서류가 추가로 필요합니다.

주택임차차입금의 소득공제한도는 주택 마련 저축과 합산했을 때 최대 300만 원입니다.

두 번째로는 1주택을 보유한 세대주가 장기주택 담보대출을 받은 경우, 이에 따른 이자 공제를 해 주는 장기주택 저당차입금 공제가 있습니다.

이것은 과세연도 말에 현재 거주 중인 집 한 채만 보

유하고 있고, 집을 담보로 장기 담보대출을 받은 경우, 이자 상환액을 공제받을 수 있다는 뜻입니다.

장기주택 저당차입금을 소득에서 공제받으려면 세 가지 기준이 충족되어야 합니다.

- 과세연도 말 현재 거주하는 주택 한 채만 보유
- 취득 당시 기준 시가 5억 원 이하
- 취득 3개월 이내에 10년 이상 장기 차입

이 세 가지가 충족된다면 이자로 납부한 금액을 소득 공제 받을 수 있습니다.

다르게 표현하면, 과세연도 안에 주택을 2채 이상 보유했거나 기준 시가가 5억 원이 넘는 주택을 가진 경우, 살고 있는 도중에 대출을 받는 경우, 혹은 단기로 대출을 받은 경우는 소득공제가 안 된다는 뜻이죠.

조금 복잡하죠? 장기주택 저당차입금은 주택청약 공제에 비해 공제받기 위한 필요 요건이 많은데요. 소득공제가 가능한지 여부를 판단하기 위하여 아래의 사항을 추가로 체크해 봐야 합니다.

- 주택 소유권이전등기 또는 보존등기일로부터 3개월 이내에 차입할 것
- 매도인이 기보유한 대출을 인수(채무인수)해도 차입 기간 시세 등 요건이 맞으면 공제 가능
- 세대주만 공제 가능하지만 세대주가 주택임차차입금, 주택마련 저축, 장기주택 저당차입금 공제를 받지 않은 경우 세대원도 가능
- 공제받은 근로자가 세대주인 경우 실거주 여부와 관계없이 가능
- 주택 취득 당시 2주택도 가능하지만 과세연도 말에는 1주택만 공제 가능

특히 대출 기간과 상환 방식에 따라서 소득공제한도는 달라지게 됩니다. 아래 한도는 '주택임차차입금 + 장기주택 저당차입금 + 주택 마련 저축'을 합한 최대 소득공제한도입니다.

- (15년 이상) 고정금리방식 & 비거치식 분할상환방식: 1,800만 원

- (15년 이상) 고정금리방식 & 비거치식 분할상환방식: 1,500만 원
- (15년 이상) 기타: 500만 원
- (10년 이상~15년 미만) 고정금리방식 & 비거치식 분할상환방식: 300만 원

맞벌이 부부의 Tip!

저에게 상담을 요청하신 고객님이 있었어요.
상담을 신청한 분은 아내와 맞벌이로 일하는데 배우자와 공제를 어떻게 받는 게 현명할지 물어 오셨죠.

맞벌이 부부가 연말정산을 받을 때는 한 사람으로 몰아야 하느냐, 아니면 각각 연말정산을 해야 하느냐, 이것도 참 헷갈리는 부분이죠?

일단 배우자 신고 소득이 100만 원(근로소득만 있는 경우 총급여액이 500만 원) 이하라면 근로자 본인이 배우자 기본공제를 받을 수 있습니다.

하지만 총급여액 500만 원을 초과하는 맞벌이 부부라면 각자 본인 공제를 받는 것이 맞습니다. 이때에는 본인 공제 외에도 각자 기본공제와 항목별 공제를 받게 되는데요.

여기서 포인트는 부모나 자녀 공제를 과연 누구에게 받는 게 더 나을지, 신용카드는 누구 명의로 얼마까지 지출하는 게 좋은지, 고민하는 분들이 많습니다. 여기에 의료비 공제까지 생각한다면 단순한 문제가 아닐 수 있죠.

일단, 중요한 것은 부부의 총소득입니다. 부부가 함께 벌어들인 총액을 알면 세율 구간을 보고 판단을 하는 것이 좋죠. 이후에는 각종 소득공제와 세액공제를 누가 받을지 결정하면 됩니다.

저는 대표적으로 고민해야 하는 세 가지 공제에 대해 말씀드리려고 합니다.

1) 인적공제
부부 중 소득이 높은 근로자가 받는 것이 좋습니다.

인적공제(배우자 제외)를 받게 되면 함께 따라붙는 공제는 다음과 같아요.

- 신용카드 소득공제
- 의료비 세액공제
- 교육비 세액공제
- 기부금 세액공제
- 보장성보험료 세액공제

저는 인적공제로 인한 소득공제(필수로 따라가야 하는 귀속 항목 세액공제 포함)는 소득이 높은 근로자가 받는 것이 좋다고 말씀드립니다.

2) 의료비 세액공제

의료비 세액공제는 결정세액이 있으면서 소득이 낮은 근로자가 받는 것이 좋습니다. 의료비 세액공제는 소득이 있는 배우자의 의료비를 한 명이 몰아서 받을 수 있는데요. 총급여액의 3%가 넘는 부분부터 공제가 가능하니 총급여액을 계산하여 공제를 받으시면 됩니다.

3) 신용카드 소득공제

 보통은 부부가 각자 받는 게 좋지만, 이 역시 카드를 쓸 때 한 사람 명의 카드를 사용할 수 있다면 이편이 유리합니다. 다만 신용카드는 소득공제 항목으로 소득이 높은 근로자가 받는 게 좋지만, 여기에는 최소 사용금액 기준이 있기 때문에 가정에서 카드를 얼마나 쓰는지 금액을 확인하고 결정하시는 것을 추천해 드립니다.

 예를 들어서 남편 연봉이 7,000만 원이고, 아내는 연봉 3,000만 원인 부부를 살펴볼까요? 이 가정의 신용카드 지출액이 남편 연간 소득 7,000만 원의 25%인 1,750만 원을 넘는다면 남편 명의로 된 카드를 쓰는 게 유리하죠. 만약 그 이하인 경우라면 아내 명의 카드를 쓰는 게 유리합니다.

4.
금융상품
세액공제 노하우

절세는 결국 버는 돈에 달린 문제입니다. 세금을 덜 내고 싶다, 혹은 세금을 줄이고 싶다는 말은 '내가 돈을 덜 벌고 싶다' 혹은 '내가 돈을 덜 버는 것처럼 보이고 싶다'는 말과도 같죠.

이 핵심을 잘 이해해야만 조금이라도 세금을 줄일 수 있기 때문에 드리는 말씀입니다. 저에게 찾아오시는 고객님 중 돈을 많이 버는데 절세가 안 된다고 속앓이하는 분들은 대부분 이 점을 간과하는 경우가 대부분이죠.

세법에서는 이 개념을 '소득공제'와 '세액공제'로 정리해 볼 수 있습니다. 소득공제는 내가 돈을 얼마나 벌었는지에 대한 구간에서 소득을 빼 주는 것이고, 이것이 바로 '돈을 얼마나 벌었는지 확정하는 행위'입니다. 보통 소득공제를 받았다는 것은 과표 구간을 조절해서 내가 돈을 조금이라도 덜 번 것처럼 확정할 수 있다는 뜻이거든요.

반면 세액공제는 이렇게 소득 과표가 정해져 내가 내야 할 세금이 확정된 상태에서 '세액을 공제해 주는 것'을 말합니다. 즉, 내야 할 세금을 조금 덜 내게 해 주는 부분에 해당합니다.

이 소득공제와 세액공제를 적절히 활용하는 것이 바로 새는 돈을 막을 수 있는 방법인데요. 저는 고객들에게 항상 '소득이 높을수록 소득공제가 유리하고, 소득이 낮을수록 세액공제가 유리하다'라고 설명해 주었습니다.

꼭 챙겨야 하는 연금계좌세액공제

'연금계좌세액공제'는 내 연금에 저축한 금액의 일정 비율을 세금으로 줄여 주는 공제인데요. 결정세액이 있는 분들이라면 절세, 그리고 노후 준비를 위해서 꼭 챙겨야 할 부분이기도 합니다.

해당 항목으로 세액공제를 받으려면 아래 세 가지 상품 중 하나를 이용해야 하는데요. 결정세액이 있는 대부분의 직장인은 이 중 한 가지 상품에 가입되어 있을 겁니다.

- 연금저축 신탁/ 보험/ 펀드
- IRP(개인 퇴직연금)
- ISA(개인종합자산관리계좌)

세액공제금액은 공제한도에 공제 비율을 곱한 결과가 적용이 되는데요(공제금액 = 공제한도 × 공제비율). 총 공제한도는 상품과 총급여, 그리고 연령에 따라 아래와 같이 조금씩 차이가 있습니다.

1) 연금저축 신탁/ 보험/ 펀드
- 총급여액 1.2억 이하 & 50세 미만: 400만 원
- 총급여액 1.2억 이하 & 50세 이상: 600만 원
- 총급여액 1.2억 초과인 경우 연령에 상관없이: 300만 원

2) IRP
- 총급여액 1.2억 이하 & 50세 미만: 연금저축 포함 700만 원
- 총급여액 1.2억 이하 & 50세 이상: 연금저축 포함 900만 원
- 총급여액 1.2억 초과인 경우 연령에 상관없이: 연금저축 포함 700만 원

3) ISA

만기 자금을 연금저축 또는 IRP로 납입한 경우 납입 금액의 10%(최대 300만 원)

그럼 공제 비율을 자세히 살펴볼까요? 공제 비율은 급여에 따라 다음과 같습니다.

- 총급여액 5,500만 원 이하 근로자는 지방세 포함 16.5%
- 총급여액 5,500만 원 초과 근로자는 지방세 포함 13.2%

만약 연소득 4,000만 원인 근로자가 IRP에 연간 700만 원을 저축한 경우 총 115만 5,000원의 세금을 돌려받을 수 있는데요. 이것은 달리 표현하면 매년 700만 원을 이율이 16.5%인 상품에 가입한 것과 같은 효과입니다. 물론 연금으로 수령할 때는 3.3~5.5%의 세금을 납부하지만 입금하는 기간에는 16.5%의 상품에 저축하는 개념으로도 볼 수 있습니다. 단, 공제받을 세금보다 결정세액이 높아야 공제를 받을 수 있으니 결정세액을 계산해 본 후 저축 금액을 결정하는 것이 좋습니다.

이처럼 높은 비율로 세금도 돌려받고 노후 준비도 할 수 있는 연금계좌세액공제, 꼭 챙기는 게 좋겠죠?

4장
노후 준비, 오늘부터 1일

어쩌면 우리가 재테크를 하는 궁극적인 목적은
소득이 없을 때인 노후를 대비해서
조금 더 안정적인 삶을 살기 위해서인지 모릅니다.
내 노후는 누군가 대신 준비해 주는 것이 아닌 만큼,
지금부터라도 노후 설계를 통해
노후 준비를 시작해 보는 건 어떨까요?

1.
은퇴 이후의 내 생활은 누가 책임져 주지?

평균 연령 100세 시대, 여러분은 노후를 잘 준비하고 계신가요? "저는 아직 젊어서요, 노후라는 말은 아직 멀게 느껴져요." 제가 묻는 질문에 어떤 고객분들은 이렇게 말씀하십니다. 당장 오늘 하루도 바쁜데 20년, 30년 뒤를 준비하라는 말은 너무 비현실적이라는 것이죠.

그런데 노후 준비의 핵심은 은퇴라고 생각해요. 물리적으로 나이가 들어서 일을 그만둘 수도 있지만, 질병이나 사고, 혹은 불가피한 사정 때문에 자의가 아닌 타의에 의해 은퇴하게 되는 상황이 누구에게나 찾아올 수 있는 것이죠.

어느 날, 다니던 직장이 정리해고를 하는 바람에 회사를 나오게 되는 경우, 어떻게 대처를 해야 할까요? 많은 분이 이렇게 현실적으로 상황에 닥치면 허둥지둥 늦깎이 대비를 하는 분들이 대다수입니다.

그만큼 우리나라 고객들은 은퇴와 노후에 대한 준비가 되어 있지 않은 경우가 많습니다.

실제 우리나라의 금융 문맹도는 아주 우려스러운 수준입니다.

2016년 세계경제포럼에서 발표한 한국 국가 경쟁력을 보면 137개국 중 26위였는데요. 금융시장 성숙도는 이보다 한참 낮은 80위로 우간다(77위)보다 낮습니다.

이것은 무엇보다 우리가 성장 과정에서 체계적인 경제, 금융교육을 받지 못한 이유가 가장 큽니다.

우리나라 교육과정은 경제 과목이 교과목 선택에서 차지하는 비중이 크지 않죠. 실제 2019년 1월 한국은행과 금융감독원이 발표한 '2018년 전 국민 금융 이해력 조사 결과'를 보면 우리나라 성인 금융 이해력 점수는 62.2점으로 OECD 평균인 64.9점보다 낮은 수준이었습니다.

저는 직업의 특성상 많은 고객들을 만났었는데, 고객 중에는 30대가 넘어 직장 생활을 하면서 '돈 공부'를 하게 되었다는 분들이 대다수입니다. 젊을 때는 돈이나 경제에 전혀 관심이 없다가 결혼을 하고 대출도 받아 보고, 투자도 해 보다 보니 제대로 된 공부가 필요하다고 생각했던 분들이 대부분이죠.

물론 이렇게 뒤늦게라도 공부를 하면 다행입니다. 그러나 투자 실패와 시행착오를 하면서도 공부를 하지 않는 분들은 자산관리에 애를 먹게 되죠. 이것을 두고 앨런 그린스펀 전 미국 연방준비제도이사회 의장은 "금융맹"이라고 표현했는데요. 앨런 그린스펀은 "글을 모르면 사는 데에 다소 불편할 뿐이지만 금융을 모르면 생존 자체가 어렵다"라고 경고한 바 있습니다.

다행히 최근에는 주식이나 부동산 등의 자산 재테크에 대한 관심이 높아져 많은 분이 투자에 열심인데요. 아예 관심을 갖지 않던 추세에서 조금씩 금융에 관심을 갖는 분들이 많아진 건 참 다행스러운 일이죠.

그러나 이 또한 뉴스 기사나 전문가가 아닌 주변 사람의 말을 듣고 투자를 했을 경우, 실패를 하게 되는 일이 비일비재합니다. 특히나 금융 상품은 매우 복잡하게 설계된 것들이 대부분이라 반드시 자산관리사 등 전문가의 도움을 받는 것이 중요합니다.

재테크 초보의 주식투자

더 솔직히 말하면 저는 최근의 투자 열풍이 다소 우려스럽긴 해요. 50~60대가 된 분들이 전에 한 번도 들여다보지 않았던 주식거래 창을 보면서 개별 주식을 매매하는 경우가 많죠. 은퇴자금이나 노후자금 등 적지 않은 목돈을 주식계좌에 모두 넣고 수시로 주가 창을 보면서 마음을 졸이는 분들을 보면 제 심장이 떨릴 때가 많아요.

주식은 투자를 충분히 해 본 뒤에 해도 늦지 않은데 투자 경험이 많지 않은 분이 단기간에 돈을 번다는 목적으로 주식을 하게 되면, 돈을 벌기보다는 돈을 잃을 가능성이 더 높습니다. 정말 그렇지 않을까요?

특히나 나이가 50대가 넘은 분들이라면 이제 돈을 공격적으로 모으기보다는 보수적으로 방어해서 돈을 잃지 않는 것이 중요한 때입니다. 이런 때에 주식과 같은 고

위험 상품군에 투자하는 것은 재테크 상식에 비춰 보면 다소 맞지 않는 부분이 있죠.

저는 그래서 자산 포트폴리오 개념을 강조합니다. 계란을 한 바구니에 담지 말라는 격언을 모르는 분은 안 계실 거예요. 재테크에서는 20대와 40대, 그리고 50대와 80대의 전략이 모두 다르다고 생각합니다.

20대는 실패를 하더라도 재기할 수 있는 시간이 있기에, 일을 하면서 번 돈의 대부분을 조금 더 공격적인 주식 투자에 활용하고 약간의 돈을 저축성 상품에 넣어도 괜찮습니다. 물론 여기에서도 투자 공부를 꾸준히 한다는 전제하에 말씀드리는 것이지만요.

반면에 40대는 주식 비중은 줄이고 개인연금이나 IRP 등의 계좌를 설계하는 것이 중요해요. 만약 40대 가장이 가진 자산이 아파트 한 채일 경우, 수중의 돈을 주식 투자에 전부 쏟는 것은 매우 위험할뿐더러 매우 비합리적인 투자 방식입니다.

이 때문에 적당한 비율로 자산을 배분함으로써 노후

준비에 필요한 충분한 자산을 모으는 준비를 하는 게 우선입니다. 특히 저는 거래비용이 적게 드는 상장지수펀드 중심으로 투자를 하는 펀드 투자 방식을 추천해 드려요.

인덱스펀드 투자는 경제 위기가 오더라도 가장 덜 영향을 받기 때문에 마음 편하게 일에만 집중할 수 있기 때문입니다. 만약 전 재산이 1억인데 이 돈이 유동성이 심한 액티브펀드 같은 곳에 전부 투자되어 있다면 마음이 떨려서 잠도 제대로 못 잘 수 있어요.

주식 투자를 모르는 사람이 꼭 직접투자를 할 필요는 없는데요. 앞서 말씀드린 ETF를 비롯해 안정적인 포트폴리오로 투자를 하는 방법도 충분히 많은 수익을 올릴 수 있습니다.

2018년부터 연금저축과 IRP 소득공제로 인한 절세 효과가 직장인들에게 알려지면서, IRP로 투자할 수 있는 TDF를 포함하여 좀 더 많은 분이 자산 배분 전략에 관심을 갖게 되었는데요. 늦었을 때가 가장 빠르다고 이 책을 읽는 분들도 아직 늦지 않았습니다. 지금부터라도 안정적으로 자산 관리를 하는 방법을 배울 필요가 있습니다.

2.
적절한 은퇴자금은 얼마일까?

누구나 한 번쯤은 자신이 은퇴한 삶을 생각하게 됩니다. 30~40대는 물론이고 요즘은 20대도 조기 퇴사를 꿈꾸는 '파이어족'이 많기 때문에 노후에 필요한 자금이 얼마가 되어야 하는지 관심이 많죠.

뉴스를 보면 최소한의 은퇴 자금이 얼마다, 라는 내용의 기사가 많이 보도됩니다. 보통 10억이라는 금액이 언급되는데, 이는 월평균 230만 원 정도의 생활비가 최소한으로 든다고 가정했을 때의 금액입니다.

따져 보면 용돈과 생활비, 차량 유지비, 아파트 관리비, 병원비, 경조사비 등의 지출 항목을 생각하면 월 200만 원 이상의 금액이 들죠. 은퇴 이후의 삶을 30년 정도 가정했을 때 이 금액을 계산하면 대략 8억 남짓한 돈이 될 것입니다.

그런데 보통 사람이 은퇴 자금으로 8억을 모으는 건

결코 쉬운 일이 아닐 겁니다. 그렇기 때문에 노후를 위해서는 세 가지 방법으로 준비해야 한다고 강조하고 싶은데요. 그것은 바로 저축과 투자, 그리고 노동입니다.

저축

수입의 일정 부분을 꾸준히 저축하는 부분입니다. 이것은 예적금과 펀드 상품에 가입하는 것 등 목돈 마련을 위한 준비는 물론이고 종잣돈에 해당하는 현금을 모으는 과정도 포함됩니다.

저축은 어느 정도의 비중을 하는 게 좋을까요? 저는 고객님들에게 항상 수입의 최소 40% 이상은 저축을 통해 목돈 마련을 준비해야 한다고 말씀드립니다. 부자가 되기 위해서는 '3개의 통장'을 가져야 한다는 말 들어 본 적 있으신가요? 이를 제가 풀어서 설명하면 단기, 중기, 장기 자금 마련을 위해서 예적금, 펀드 등의 금융상품을 활용하여 목적별로 나누어서 관리하라는 뜻으로 새롭게 해석할 수 있겠네요.

우선 비상 자금, 1년 후의 목적 자금 등의 단기 자금은 예적금 통장을 활용할 수 있습니다. 예적금 통장은 중도해지를 해도 원금 손해가 없기 때문입니다. 그렇지만 금리가 낮기 때문에 모든 자금의 저축 통장으로 활용하기에는 다소 아쉽지요.

중기, 장기 자금의 경우에는 상품 선택의 폭이 넓어집니다. 여유 기간이 길수록 높은 변동성에 대응할 수 있기 때문입니다. 변동성이 높다는 의미는 가격 등락폭이 크다는 의미이고 위험이 크다는 이야기입니다. 위험이 크면 기대수익도 크겠지요. 또한 변동성에 대응한다는 의미는 기다릴 수 있다는 의미이기도 합니다. 시장 상황이 안 좋을 때는 기다렸다가 상황이 좋을 때 매도를 하는 전략이 가능한 거죠.

정리하여 말씀드려 보겠습니다.

- 단기 저축 자금은 예적금 또는 국채와 신용도 좋은 회사채에 투자하는 변동성 낮은 펀드 활용
- 중기 저축 자금은 채권과 주식에 혼합으로 투자하는 펀드 활용
- 장기 저축 자금은 주식 투자 비중이 높은 펀드 활용

투자

요즘은 투자에 대한 생각이 보편화되었는데요. 예전에 투자는 전문적으로 공부한 사람만 하거나 목돈이 있어야 한다는 쪽이었다면, 지금은 소액으로도 할 수 있는 투자 분야가 많다 보니 투자를 적극적으로 실천하는 분들도 늘었습니다.

투자는 내가 가진 돈을 불리는 수단으로 리스크에 따라서 종류도 다양합니다. 부동산 투자만 하더라도 아파트 갭 투자, 경매 투자, 토지 투자 등이 있고 주식 투자도 ETF 투자, 직접투자, 간접투자, 파생상품 투자 등 다양합니다. 전통적인 금융 상품이 아닌 새로운 소액 투자 상품들도 출시되고 있는데요. 예를 들어 빌딩이나 건물에 소액으로도 투자할 수 있는 P2P 상품 등이 생겨 선택의 폭이 다양해졌습니다.

노동

평균 수명이 늘다 보니 일하는 기간도 자연스럽게 늘

어났습니다. 통계를 보면 평균 은퇴 연령은 50대 전후이지만, 실제 은퇴 이후에도 일을 하는 분들이 많죠. 저는 노후 대비의 차원에서는 오랫동안 꾸준히 일하는 것이 중요하다고 말씀드리는데요. 그 이유는 무엇일까요?

많은 분이 일을 하지 않고, 투자나 그 밖의 사업을 통해 불로소득을 희망합니다. 하지만 실제로 투자나 사업을 통해 돈을 버는 건 쉽지 않은 일이죠. 많은 경험과 지식이 없다면 이 방법들로 직업을 대체하는 분들은 많지 않습니다.

쉽게 예를 들어 보죠. 투자로 한 달에 100만 원을 벌기 위해서는 얼마만큼의 목돈이 필요할까요? 1년의 투자수익률을 10% 정도로 가정하더라도, 1억이 넘는 돈이 필요합니다. 하지만 어떤 직장에 소속되어서 일을 하면, 최저 임금을 받고 일하더라도 100만 원보다 많은 돈을 벌 수 있습니다. 물론 노동은 내 몸을 움직여서 수익을 내는 것이기 때문에 힘이 들지만, 안정적이고 꾸준히 돈을 벌 수 있다는 장점이 있습니다.

설령 투자나 저축을 통해 돈을 모은다고 하더라도 안

정적인 수입원이 있어야만 이를 유지할 수 있는데요. 그렇기 때문에 은퇴 시점까지 직업을 유지하는 것은 중요합니다. 만약 은퇴 이후에도 근로소득을 만들 수만 있다면, 최대한 그 일을 오래 유지하는 것이 효율적으로 돈을 모을 수 있는 방법이라고 생각합니다.

3.
노후 준비는
이렇게 하자

한 통계에 따르면 현재 MZ세대는 평균 수명이 늘어서 약 88세를 기본으로 살게 된다고 합니다. 이렇게 따지면 현재 정년 나이를 55세로 보면 은퇴기간이 최소한 30년 이상 되는 것인데요. 이렇게 긴 시간을 은퇴 후 퇴직금만으로 생활해야 한다면 당연히 부족하다는 생각이 드실 겁니다.

더욱이 은퇴를 한 이후에는 취업을 하더라도 소득이 은퇴 전보다 높을 수 없기 때문에 젊을 때부터 노후 준비를 해 두는 것이 중요하죠. 그렇기 때문에 현명하게 활용해야 제도가 있는데요. 바로 연금입니다.

꼭 챙겨야 할 기본 연금이 세 가지나?

우리나라의 연금을 보면 총 세 가지 중층 구조로 이뤄져 있어요. 1층은 공적연금, 2층은 퇴직연금, 그리고 3

층은 개인연금이죠. 공적연금의 경우 기초생활을 위해, 퇴직연금은 기본적인 생활을 위해, 개인연금은 여유로운 생활을 위해 준비하도록 설계된 것인데요.

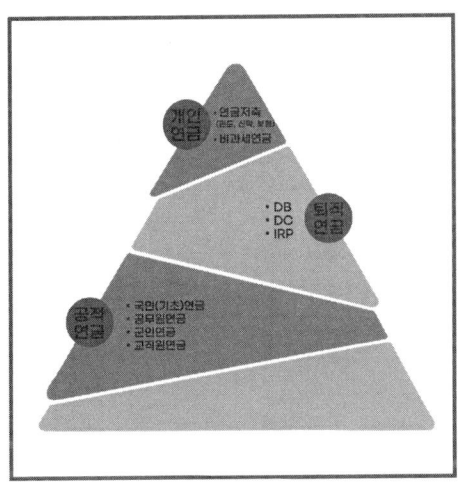

보통 직장생활을 하는 성인이라면 아마 국민연금은 기본적으로 가입되어 있을 텐데요. 직장에 다니게 되면 퇴직연금에 가입하게 되고, 여기에 개인연금까지 가입되어 있다면, 금상첨화라고 볼 수 있어요. 그런데 국민연금은 주변에 가입한 사람들을 많이 보셨겠지만, 퇴직연금은 그보다는 비중이 작죠. 개인연금까지 가입되어 있는 분은 더더욱 적을 것입니다.

상위 단계로 갈수록 가입에 의무성이 줄어들기 때문이에요.

나의 연금은 얼마나 준비되어 있을까?

주변 고객들을 상담해 보면 대부분이 내 돈이 어떤 연금에 얼마나 들어가는지, 노후에 내가 얼마를 받을 수 있는지 모르시는 경우가 많습니다. 이때에 내가 가입해 둔 연금을 분석해서 미래의 생활 자금을 예측해 보는 건 정말 중요한 일이에요.

위 말들이 너무 복잡하게 느껴진다면 한 가지 쉬운 꿀팁을 알려 드릴게요. 내 연금을 한 번에 볼 수 있는 방법인데요. 바로 '금융감독원 통합연금포털'에서 확인해 보는 것입니다. **'금융감독원 통합연금포털(100lifeplan. fss.or.kr)'** 에 아이디 또는 인증서 로그인을 하면 '내 연금조회·재무설계'를 통해 아래와 같이 연령별 미래 연금 예시액을 조회해 볼 수 있습니다.

미래에 물가가 오를 것과 예상 이자를 적용한 현재가

치까지 계산을 해 주니 한눈에 보기 편한데요. 여기서 말하는 미래의 현재가치라는 것은 화폐가치가 물가상승이나 인플레이션 때문에 하락하는 부분과 운용하여 발생되는 수익을 적용하여 현재가치로 계산해서 적용한 것을 말합니다.

예를 들어 물가가 연 2% 상승하고 운용수익이 연 5%일 것으로 예상한 1만 원의 현재가치는 1만 294원이 되겠죠. 이것을 현재 1만 원에 대한 1년 후 미래의 현재가치라고 보는 것입니다.

그럼 이러한 3층 구조의 연금을 하나하나 살펴보겠습니다.

국민연금 '찬스'를 활용하자!

국민연금은 국내 거주하는 18~60세 국민을 대상으로 하는 연금인데요. 기준 소득의 9%를 보험료로 납부하는데 사업장 가입자의 경우 근로자는 4.5%, 사업주는 4.5%를 각각 부담하고, 지역가입자의 경우 가입자가

9%를 모두 부담하는 연금입니다.

국민연금은 크게 보면 사업장 가입자, 지역가입자, 임의가입자, 임의계속가입자로 구분하며 보통 직장생활을 하는 분들은 사업장 가입자 또는 지역가입자 둘 중 하나에 가입되어 있는 경우가 많아요.

이때의 보험료는 신고된 기준 소득으로 산정되는데, 기준 소득의 경우 최저 32만 원, 최고 503만 원이 인정되고 이 기준에 미달하거나 넘어서게 되면 최저와 최고 기준에 맞춰지게 됩니다. 예를 들어 신고소득이 600만 원인 경우 근로자가 부담하는 국민연금 보험료는 503만 원 × 4.5%인 22만 6,350원이 되겠네요.

이렇게 연금을 계속 납부할 경우 69년생부터는 65세부터 노령 연금으로 이를 수령할 수 있는데요. 매달 받는 연금액은 가입 기간 중에 기준소득과 가입 기간에 따라 정해집니다. 국민연금 관리 공단 사이트(www.nps.or.kr)에 들어가면 주기적으로 예상 월 연금액을 제공해 주고 있으니 참고해 보시기 바랍니다.

국민연금은 사회보장제도로 가입에 강제성이 있지만 사실 많은 분이 국민연금의 장점을 인정해 주고 있으며 그 대표적인 이유로 다음과 같은 세 가지를 꼽을 수 있습니다.

첫째, 국민연금은 나라에서 연금을 100% 보장해 주고 둘째, 가입자의 상황에 맞춰서 다양한 연금 형태로 가입이 가능합니다. 마지막으로 가장 중요한 포인트는 물가가 오른 만큼 연금을 더 받는다는 것입니다. 아마도 이 부분이 국민연금 가입자분들이 가장 선호하는 부분이 아닐까 싶네요. 내 국민연금은 금융감독원 통합연금포털(100lifeplan.fss.or.kr)에서도 확인 가능하니 그동안 내가 준비해 온 연금을 한 번에 보면 노후 준비가 더 수월할 수 있겠죠?

내 연금은 DB형? DC형?

첫 번째 층인 국민연금에 이어 2층으로 올라가 볼까요? 앞서 말씀드렸듯이 퇴직연금은 내 은퇴연금 보장의 2층에 해당합니다. 2005년 12월에 퇴직연금제도가 시행됨에 따라 퇴직금은 금융기관에 맡기도록 되어 있는데요. 이때 DB, DC, IRP 중 노사가 합의한 유형으로 운영하도록 되어 있습니다. 1년 이상 직장에 근무하고 퇴직한다면 퇴직금(퇴직 직전 3개월 평균 급여 × 근속연수)을 받을 수 있죠.

DB나 DC라는 용어가 난해하게 느껴지실 수 있을 것 같아서 부연 설명을 드려 볼게요.

DB는 보통 **확정급여형**으로 불리는데, 이 방식은 근로자는 확정된 퇴직급여를 받고, 고용주는 퇴직금을 운용해서 추가로 수익을 얻을 수 있는 유형입니다. 고용주는 이로 인해 운용 이익 또는 손실을 볼 수도 있죠.

DC의 경우 **확정기여형**이라고 하는데 DB의 반대 유형으로 볼 수 있겠는데요. 근로자가 돈을 직접 운용하는 방식으로 자금을 어떻게 운용했는지에 따라 퇴직금이 달라지게 됩니다. 내 연금이 DB로 되어 있다면 마음 편하게 퇴직금을 받으면 되고 DC로 되어 있다면 내 퇴직금이 현재 어떻게 운용되고 있는지 한 번쯤 점검해 보실 필요가 있습니다.

DC로 운용할 수 있는 상품을 조금 더 살펴보기

일반적으로 DC운용은 '펀드형'이나 '원리금 보장형' 둘 중 하나를 선택하게 되는데요. 이 중 펀드의 경우에는 'TDF'와 '일반펀드'를 선택할 수 있습니다. 일반펀드는 많이 알려져 있는 상품인 데 비해 TDF라는 개념은 조금 낯설 수 있는데요. 이는 Target Date Fund의 약자로 투자자의 은퇴 시점을 목표로 생애주기에 따라 펀드가 내 포트폴리오를 알아서 조정해 주는 자산 배분 펀드를 말합니다. 쉽게 말하자면 내 은퇴 시점에 맞춰서 알아서 운용되는 펀드죠.

그럼 어떤 전략을 선택해야 나에게 가장 유리할까요?

저는 젊은 고객분들일수록 주식에 높은 비중을 두고, 은퇴 시기가 얼마 남지 않은 분들은 채권에 비중을 두시라고 말씀드립니다. TDF는 이러한 비중으로 자산을 운용하도록 도와주죠. 연금자산은 일반펀드보다 TDF가 훨씬 선택의 폭이 넓습니다.

똑똑한 TDF 하나가 더 높은 수익을 가져다줄 수 있습니다.

펀드는 종류가 많고 자산 가격은 다양한 변수에 따라 달라지는데, 이를 직접 고르기에는 시간과 지식이 부족하기 때문입니다.

TDF는 보통 숫자가 붙어 있습니다. 이 숫자는 내 은퇴 예상 연도라고 보면 되는데요. 오늘을 기준으로 자신의 은퇴 시기가 얼마나 남아 있는지 보고 자산을 배분해 주는 것입니다. 현재 대부분의 은행 및 증권회사에서 TDF로 운용할 수 있는데요. 어떤 TDF가 좋은지 확인해 보고 나에게 맞는 TDF를 선택하시기 바랍니다.

IRP는 광고에서 많이 들어 보셨을 용어일 텐데요. 개인형퇴직연금이라고 해서 DB와 DC 외에 개인이 추가로 노후를 준비할 때 활용하는 것이죠. 개인적으로는 IRP는 3층 개인연금 유형으로 분류해도 괜찮습니다. 연금저축과 상당히 흡사하기 때문인데요. 고객분들이 "IRP에 가입하면 뭐가 좋나요?" 하고 자주 물어보시는데 제 생각에 IRP의 가장 큰 장점은 바로 "세액공제" 즉, 절세 목적입니다.

IRP 절세와 관련된 상세한 내용은 앞서 설명한 3장의

'**4. 금융상품 세액공제 노하우**'를 참조해 주세요.

연금, 최대한 절세하려면 어떻게?

퇴직소득은 일반적으로 분류 과세가 적용됩니다. 이 때문에 일시금으로 수령했을 시에는 6~42%의 퇴직 소득세를 납부하게 되죠. 하지만 55세 이후부터 10년 이상 기간으로 연금을 나누어 수령한다면 퇴직 소득세의 70%만 납부하면 됩니다. 퇴직금은 받아서 일시금으로 쓰는 것보다는 연금 형태로 쓰는 것이 절세 측면에서 훨씬 유리하다는 점, 기억해 주세요!

4.
똑똑한 노후 준비 종합정리!
꿀팁 시리즈

꿀팁 1

✔ **내 연금정보 한 번에 모아 보는 법?**

다양한 방법으로 연금을 운용하다 보면 내 연금을 한 번에 보고 싶어질 것입니다. 그럴 때마다 각각의 금융사 홈페이지를 들어가 보지 않고도 쉽게 보는 방법이 있습니다. 바로 앞서 설명한 금융감독원 통합연금포털 사이트에서 확인하면 되는데요. 확인 절차는 다음과 같습니다.

① 금융감독원 통합연금포털 홈페이지 접속
   (100lifeplan.fss.or.kr)
② 서비스 신청 및 이용 동의 등 회원 가입
③ 로그인 후 연금 조회 신청
④ '내 연금조회' 선택 후 확인

연금을 조회해 보면 국민연금과 퇴직연금(IRP), 개인연금 등의 가입되어 있는 연금의 정보와 연령대별 예상 연금액이 나오니 참고해 보세요.

꿀팁 2

✔ IRP 세금 아끼는 법

이렇게 노후 준비를 위한 투자를 모두 마쳤다면, 향후에 이 자금을 어떻게 찾아 쓰는지도 유의해야 합니다. 제가 투자에 도움을 준 한 고객은 만기 도래 시 이 자금을 일시에 찾아서 쓰려고 하는데 돈이 생각보다 적다고 저에게 하소연을 해 왔습니다. 수익률로 계산되었을 때보다 약 30~50%의 돈이 적다고 한 것인데 이는 세금을 생각하지 않고 원금 기준으로만 생각했기 때문입니다.

급전이 필요하다면 자금을 한꺼번에 찾아 쓰는 게 아니라 세율적용면에서 유리한 금액을 계산하여 일부분만 찾는 것이 중요합니다.

소득공제를 받지 않은 금액은 인출할 때 세금을 납부하지 않기 때문에 만약 연금저축 계좌에서 일부 금액을 인출한다면 아래와 같은 순서로 진행해 보세요.

① 과세제외금액
② 인출하는 당해 연도에 납입한 금액
③ 해당 연금저축계좌에 매년 소득공제한도(400만 원)를 초과해 입금한 금액
④ 그 외 소득공제를 받지 않은 금액

IRP 역시 동일한 기준이 적용되기 때문에 연금저축과 동일한 순서로 인출하면 됩니다.

꿀팁 3

✔ 금융소득 종합과세 피하는 법

종합소득세는 금융소득과 기타소득이 일정 금액을 넘을 때에도 발생하는데요. 만약 사업소득이 높거나 연금을 많이 받는 사람이라면 소득세율이 높기 때문에 금융소득과 기타소득이 종합소득에 포함된다면 세금이 늘어날 수밖에 없습니다.

이 경우 조금이라도 절세를 하려면 퇴직연금과 연금저축의 수령 기간이 겹치지 않도록 조절하는 방법이 있

습니다. 예를 들어서 퇴직연금을 먼저 받은 다음, 연금저축을 나중에 받는 방법도 있죠. 혹은 매년 수령하는 연금이 1,200만 원이 될 때까지 연금 수령 기간을 연장하는 것도 한 방법입니다. 내가 가입한 연금 종류와 예상 연금액은 금융감독원에서 운용하는 통합연금포털을 이용해서 간편하게 확인이 가능합니다.

연금저축이나 퇴직연금에서 연금을 받을 때는 10년 이상 연금 수령 한도 이내의 금액으로 받아야만 감면된 퇴직소득세 또는 저율의 연금소득세가 부과된다는 점 참고 부탁드립니다.

연금 수령 기간을 10년 미만으로 줄이면 연간 연금 수령액이 세법상 수령 한도를 넘을 가능성이 높은데요. 한도를 넘은 금액에 대해서는 퇴직소득세 100% 또는 기타소득세가 부과되기 때문에 연금 세제 혜택을 누리지 못할 수 있으니 사전 점검이 필요합니다.

부록
알아 두면 돈이 되는
환 투자/ 금 투자 가이드

1.
환 투자는 이렇게

금리가 많이 낮아졌다는 것은 시중에 돈이 많다는 뜻입니다. 코로나19로 인해 하락한 경기를 회복하기 위해 정부에서 유동성을 공급했기 때문이죠. 그러나 최근 금리가 지나치게 낮아져 물가가 오르는 '인플레이션' 우려로 인해 금리가 인상되고 있습니다.

이른바 '변동성 장세'인데요. 이러한 장세에서는 사람들의 심리가 불안정하기 때문에 주식이나 펀드 등의 투자수익률의 변동 폭이 커지게 됩니다. 이런 변동성 장세에서 비교적 안정적으로 고수익을 낼 수 있는 방법은 없을까요? 저는 '환 투자'를 그 대안으로 권해 드리고 싶은데요. 초보자들도 쉽게 시도해 볼 수 있는 환 투자 방법을 함께 알아볼까요?

환 투자는 왜 해야 할까?

투자를 잘하는 방법은 간단합니다. 자산을 낮은 가격에 사서 비싸게 팔면 되죠. 이 당연한 원리가 현실에서는 매우 어렵습니다. 달러가 저렴할 때 원화를 팔고 달러를 사서 달러가 오르면 비싸게 파는 것의 원리가 어려운 이유를 알아볼까요?

환율을 정확하게 예측할 수 있을까?

어제는 환율이 1달러에 1,000원이었는데 오늘 900원으로 바뀌었으면 원화가 비싸진 것입니다. 어제까지는 1,000원을 줘야 1달러를 살 수 있었는데, 오늘은 900원만 줘도 1달러를 살 수 있기 때문이죠. 반대로 어제는 900원에 1달러를 샀는데, 오늘은 1달러에 1,000원이라면 어떻게 된 걸까요? 달러가 비싸진 반면에 원화는 저렴해진 것이죠. 이 경우 원화를 다시 사면 됩니다.

이런 방식으로 1달러에 100원이라는 이익을 남길 수 있는데요. 만약 1만 달러를 거래했다면, 100만 원이라는 수익이 생겼겠죠? 이렇게 환율 변동을 예측할 수 있는 사람은 누구나 돈을 벌 수 있는데요. 하지만 환율이라는 것이 하루에도 수백, 수십 번 이상 변하기 때문에 이를 완벽하게 예측한다는 건 불가능합니다.

하루 뒤, 한 달 뒤의 환율을 예측하는 것도 무의미하죠. 변수가 너무 많기 때문인데요.

이 때문에 환 투자는 길게 보고 경기가 좋을 때는 원화를 사고, 금융위기 등 경기가 안 좋을 때는 원화를 파는 것이 좋습니다. 과거 IMF, 서브 프라임 위기 등에서 원화가치가 폭락했었는데요. 이러한 큰 위기에서는 원화 가치가 폭락하여 원달러환율은 몇백 원씩 오르게 되죠.

원화를 매도하고 달러를 매입하는 등 외환 거래를 하려면 어떻게 해야 할까요? 바로 은행을 이용하면 됩니다. 요즘은 창구에 가지 않더라도 스마트폰으로 간단하게 매입할 수 있고 앱으로 여러 나라의 환율을 확인할 수 있습니다. 우리가 알고 있는 웬만한 나라의 환율을 모두 확인 가능하다고 생각하셔도 됩니다.

그리고 또 하나 말씀드리고 싶은 정보는 환율의 종류가 생각보다 다양한 것입니다. 나라별로 고시되는 환율의 종류는 기준환율, 송금 보내실 때, 받으실 때, 현찰 파실 때, 사실 때 등 여러 가지로 되어 있는데요. 이때 모든 환율의 기준이 되는 환율이 바로 기준환율입니다.

기준환율이라 함은 은행이 외환시장에 매입하는 가격을 말하며 이 기준환율에 수수료를 더하거나 차감하여 기타환율이 결정되게 됩니다. 내가 외화를 매입한다면 기준환율에 수수료가 더해질 것이고, 외화를 매도한다면 기준환율에 수수료가 차감되는 것이죠.

환 투자를 하게 되면, 나중에 원화로 회수할 목적으로 사는 것이기에 현찰 거래를 하실 필요는 없는데요. 전신환(송금 보내실 때, 받으실 때)으로 거래를 하면 됩니다. 전신환 수수료는 1달러에 약 10원인데요. 양쪽으로 거래를 하게 될 경우 약 20원의 수수료를 부담하게 되죠. 주거래 은행이 있을 경우, 은행 담당자와 환율우대 상담을 먼저 하거나 앱에서 우대 상품을 찾아보기를 추천해 드립니다.

참고로 하루에 1만 불 이하로 전신환 거래를 하면, 국세청 통보가 따로 없기 때문에 한도 이내에서는 자유롭게 거래가 가능합니다. 환차익은 비과세 수익이니 세금을 납부할 일도 없죠. 특히 환차익 거래는 금융 위기에 수익이 발생하기 때문에 현재 투자에 대한 포트폴리오 보험 역할을 할 수 있습니다. 즉 주식 투자 수익이 마이너스라면 환차익으로 보완이 가능할 수도 있다는 이야기이죠.

원화를 팔고 달러를 사는 환 투자, 구체적으로 어떻게 하면 될지 살펴볼까요?

환 투자의 기본적인 방법

달러에 투자하는 방법은 크게 세 가지입니다.

① 외국환은행에서 달러 현찰을 매입한다.
② 외국환은행에서 달러를 전신환으로 매입(통장입금)한다.
③ 증권회사에서 달러 선물을 매수한다.

앞서 설명해 드린 바와 같이, 은행 환율은 보통 다섯 가지 종류로 표시되는데요.

① 은행이 외환시장에서 매입하는 기준환율
② 전신으로 매입하는 환율(기준환율 + 약 10원)
③ 외화 현찰을 매입하는 환율(기준환율 + 약 20원)
④ 전신으로 매도하는 환율(기준환율 - 약 10원)
⑤ 외화 현찰을 매도하는 환율(기준환율 - 약 20원)

"어, 현찰환율이 왜 더 비싸지?" 하고 궁금해하는 분들이 계실 텐데요. 이는 외화를 수입하는 비용과 자금을 보관하는 비용이 추가되기 때문입니다.

달러 매입 시에는 '2' 전신환율 또는 '3' 현찰환율로 거래하는데요. 달러 매입의 목적이 투자인 경우라면 '2' 전신환율로 매입하면 됩니다.

전신환율로 매입한 달러를 활용하는 방법에는 총 세 가지가 있습니다.

첫째는 전신환으로 매각하는 것인데요. 이 경우 '4'

환율이 적용되며 일정 금액 이하는 국세청에 따라 통보되지 않습니다. 이러한 거래방식은 투자용으로 적합하죠.

둘째는 해외로 송금하는 것인데요. 이 경우 일정 금액을 초과하여 송금할 경우 국세청으로 통보됩니다.

셋째는 달러 현찰로 인출하는 경우입니다. 이 경우 저렴한 수수료가 적용된 전신환으로 매입한 달러를 현찰로 인출하는 것이니 약 1.5%의 현찰수수료를 부담해야 하는 단점이 있죠. 앞서 설명해 드린 바와 같이 외화 수입비용과 보관비용이 수반되기 때문입니다. 또한 하루에 1만 불 이상 초과로 인출한다면 국세청으로 통보되는 것이 일반적입니다.

복잡하게 보이지만 결론을 간단하게 말하자면 투자 목적인 경우라면 외화를 현찰로 매입하기보다는 전신환율을 적용해서 통장에 입금하는 것이 좋습니다.

또 한 가지 방법은 증권회사에서 달러 선물을 매입하는 방법도 있습니다. 해당 방법은 환율 상승이 예상되어 1개월 만기 선물을 1달러당 100달러에 매입했는데, 실제로 1개월 뒤 110달러가 되었다면 달러당 10달러의 이익이 남게 되는 구조입니다.

만기 시 100달러에 매수할 권리가 있기 때문인데요. 선물 매입 거래는 만기에 100달러에 매입해서 110달러에 매도하는 구조라고 보시면 됩니다. 물론 예측과 다르게 90달러가 된다면 달러당 10달러의 손실이 발생하게 됩니다.

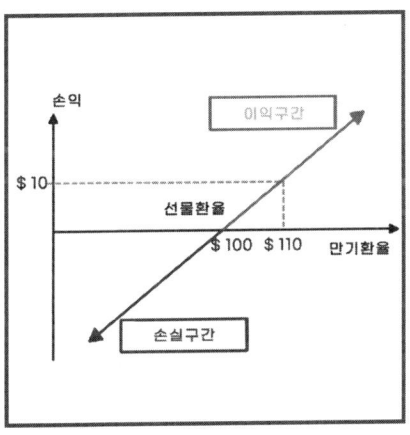

그러나 개인적으로는 달러 선물보다는 은행에서 전신으로 매입하는 방법을 추천해 드립니다. 은행 매입의 경우 만기가 따로 없어서 장기투자에 적합하기 때문입니

다. 은행에서 전신으로 달러를 매입할 때는 되도록 앱 거래를 하시면 좋습니다.

대부분의 금융 기관의 앱에는 외화 상품페이지가 있는데요. 여기에서 외화적립예금 신규를 선택하고 출금계좌와 통화 금액, 기간을 선택하고 부가정보를 선택하면 1분 만에 외화 매입이 가능합니다. 한 가지 팁을 드리자면 금융기관별로 환율우대가 자동으로 90%까지 되는 상품도 있으니 내용을 꼼꼼하게 읽어 보시기 바랍니다. 90% 우대를 적용할 경우 수수료가 10배로 줄어들거든요.

2.
외화예금을 활용하는 법

환 투자를 가장 쉽게 시작하는 방법은 바로 외화예금을 활용하는 것입니다. 외화예금은 우리가 정기예금에 가입하듯, 달러를 외화예금 통장에 넣어 두기만 하면 돼서 간단한데요. 원화로 입금을 하면 외화로 자동으로 환전되어 통장에 예치되기 때문에 편리하기까지 하죠.

기본적으로 정기예금처럼 정해진 금리를 받을 수 있고 환율이 오르면 그에 따른 차익도 얻을 수 있어서 좋습니다. 환율이 오르는 시기에는 반드시 달러 통장 하나쯤은 갖고 있는 게 좋습니다.

지혜로운 환 투자 전략은?

물론 환 투자는 달러만 해당하는 것은 아니죠. 엔화나 유로 등에도 외화예금 통장을 개설할 수 있는데요. 아무래도 세계 경제를 좌우하는 것이 미국 경제인 만큼 초보자분들은 달러 예금통장을 개설하시는 방법을 추천해 드립니다.

  달러가 비쌀 때 달러예금에 가입하면 오히려 손해를 볼 수 있습니다.
  이 때문에 달러가 조금 떨어졌을 때 가입을 하면, 환율 반등 시 이로 인한 수익을 얻을 수 있는 점 참고 부탁드립니다.

3.
외화예금의 종류

외화예금에는 적금처럼 매달 정해진 금액을 넣는 통장도 있고, 일반 통장처럼 수시로 입출금이 가능한 통장도 존재하는데요. 적금 방식은 돈이 일정 기간 묶여야 하기 때문에 환율 변동이 큰 시기에는 추천해 드리지 않습니다.

입출금이 자유로운 외화예금을 선택하면 환율 변동에 따라 실시간으로 외화를 팔았다가 살 수 있기 때문에 더욱 편리하죠. 외화예금은 통장은 개설도 수월하기 때문에 주거래은행에서 한 개 정도 개설해 두시길 추천해 드립니다.

어떻게 투자해야 하나요?

원화를 달러 통장에 입금하는 경우 달러로 환전한 뒤 입금하게 되는데, 이때는 환전수수료가 생기게 됩니다.

만약 현재 달러 현찰을 가지고 있다면 통장을 개설하여 곧바로 입금이 가능합니다. 달러 현찰을 바로 입금하는 것은 별도의 환전수수료는 들지 않는다는 점이 장점이죠.

또한 달러 현찰에 한해 현찰수수료를 면제해 주는 금융기관이 대부분입니다. 반면에 달러 현찰 이외의 유로나 엔화 등 기타 통화의 현찰 입금의 경우에는 보통 약 3% 정도 현찰수수료가 든다는 점은 참고하셔야 할 듯합니다.

달러 통장, 비과세가 된다고요?

달러예금은 현재 기본 금리가 거의 없기 때문에 대부분의 수익은 환차익으로 구성됩니다. 환차익은 환율이 오를 때에는 수익이 더 커지죠. 주의해야 할 것은 잦은 매매횟수인데요. 매매 시마다 환전수수료가 붙기 때문에 수익을 위해서는 이 부분까지 감안해야 합니다.

그래도 다행인 것은 앞서 말씀드린 바와 같이 외화예금을 통해서 얻은 수익은 별도의 이자소득세가 없다는 것이죠. 돈을 벌어도 세금을 내지 않아도 된다는 것입니다. 또한 예금자보호가 되기 때문에 최대 5,000만 원까지는 안전하게 투자할 수 있다는 것도 장점이죠. 고객 중 한 분은 달러 통장으로 발생한 연 수익이 2,000만 원을 넘었는데, 이 경우에도 금융소득종합과세가 없어서 절세 효과를 얻을 수 있었습니다.

4.
금 투자는 왜 할까?

97년도 IMF 때는 한국이 금융위기가 있었죠? 이때에는 금 모으기 운동이라고 해서 국민들이 정부 부채를 해결하기 위해 금을 내놨던 적이 있습니다. 그렇다면 금을 투자하기 위해서는 이렇듯, 금을 실제로 가지고 있어야 하는 걸까요?

예전에는 목걸이나 반지를 금으로 가지고 있어서 필요한 경우 현금화하는 수단으로 활용하기도 했죠. 하지만 금 투자를 하기 위해서 반드시 실물 금을 보유할 필요는 없습니다. 요즘은 금을 효과적으로 투자할 수 있는 상품들이 많이 나와 있습니다. 은행에서도 금 통장을 만들어서 금의 가격에 따라서 수익금을 주는 상품도 있습니다.

금 투자, 하면 안정적인 자산이라는 이미지가 떠오릅니다. 실제로 금은 지난 40년간 우상향을 하면서 꾸준히 올랐는데요. 특히나 한국은 금 투자에 적극적인 편이라서 자산가들이 자산을 지키기 위한 수단으로 활용하는 편입니다.

보통 금은 금 가격을 말할 때는 '몇 돈이다'라고 표현하는데요. 이때 '한 돈'이라는 것은 금 3.75g을 말하는 것입니다. 반면 국제적 금 가격을 매기는 표준은 '온스'인데요. 1온스당 가격으로 고시되며 가격은 유동적입니다.

1돈 = 3.75g
1온스 = 31.10g

이렇게 계산해 보면 1온스는 약 금 8~9돈에 해당한다는 걸 알 수 있죠. 금 가격은 보통 환율을 기준으로 계산되기 때문에 금 시세를 볼 때는 환율을 함께 살펴봐야 합니다.

현재 기축 통화인 달러와 같은 수준으로 주목받는 금은 보통 달러와 반대 방향으로 움직이는 성향을 갖는데요. 주로 달러가치가 오르면 금은 떨어지고, 달러가치가 떨어지면 금은 오르게 됩니다.

5.
금 투자는
어떻게 하는 것이 좋을까?

실제 제 주변에서 금에 투자하라고 하면 금은방에 가서 금을 구매하라는 뜻으로 이해하는 분들도 계신데요. 그렇게 해도 되지만 조금 더 다양한 방법으로도 금을 구매할 수 있습니다.

1) 골드바 매입하기

골드바는 금은방이나 금 거래소, 은행 등에서 매입할 수 있습니다. 이 중에서 저는 은행에서 매입할 것을 권해 드립니다. 은행에서 판매하는 골드바의 경우 LS니꼬동제련에서 제작해서 신뢰도가 높습니다.

골드바 매입 시 단점은 수수료가 높다는 것인데요. 매수, 매도 시에는 약 5%의 수수료가 있다는 점 참고 부탁드립니다. 만약 골드바를 매입하려면 장기투자를 추천해 드리고 싶네요.

2) 금 관련 회사 주식에 투자하기

금리가 오르면 어느 회사 주식이 가장 많이 오를까

요? 바로 은행입니다. 그렇다면 금값이 오르면 어디 주식이 오를까요? 당연히 금 관련 회사 주식이겠죠. 일반적으로 금값이 10~20% 오르면 금 관련 회사 주식 또한 20~30% 정도 오르는데요. 국내에서 금 관련 회사 주식에 투자하는 펀드로는 IBK골드마이닝증권사투자신탁 펀드가 있습니다. 이 펀드는 펀드 자금을 글로벌 금 관련 회사에 투자합니다.

3) 금 선물가격대로 수익률이 움직이는 펀드에 투자하는 방법

이 방법은 금 관련 회사 주식에 투자하는 것보다는 변동성이 낮은데요. 대표적으로 KB스타골드특별자산 펀드를 들 수 있습니다. 이 상품은 미국 상품 거래소의 가격과 연동되는 선물을 매입해서 수익을 연동시켜 주는 펀드인데요. 클래스별로 수수료와 보수가 다르니 자세한 내용은 은행에서 상담을 받아 보시거나 앱을 참조하시기 바랍니다.

4) 금 통장을 개설하는 방법

대표적인 금 통장은 신한은행의 신한 골드테크 골드리슈 통장입니다. 이는 '중량 × 금 가격 × 환율'로 예치가 가능한데요. 매입과 매도 시 각각 1%의 수수료가 부과됩니다. 골드바를 매입할 때 수수료가 부담되시는 분이라면 수수료가 저렴하고 따로 보관할 부담이 없다는 장점이 있죠. 금 통장은 1년 동안의 거래가 적을수록 유리한데요. 거래가 많다면 펀드를 추천해 드리고 있습니다.

5) 증권사에서 직접 금 선물을 매입하거나 금 ETF에 투자하는 방법

금 선물은 금값이 오를 것 같다면 매입하고, 내릴 것 같다고 판단하면 매도하는 방법인데요. 예를 들어 금 선물을 100달러에 매입한 경우, 선물 만기가 되었을 때 약정한 100달러에 사서 150달러에 매도하는 구조라고 이해하시면 됩니다. 앞서 설명해 드린 달러 선물 이익 구조 그림을 참조하시기 바랍니다.

생각보다 방법이 많지요? 위 방법 중 나에게 가장 유리한 방법 한두 가지로 금 투자를 시작해 보세요.

저자 김정란은 여러분의 부를 응원합니다.